DOCÊNCIA em FORMAÇÃO
Educação Infantil

Coordenação:
Selma Garrido Pimenta

EDITORA AFILIADA

© 2012 by Ana Paula Soares da Silva
Jaqueline Pasuch
Juliana Bezzon da Silva

© Direitos de publicação
CORTEZ EDITORA
Rua Monte Alegre, 1074 – Perdizes
05014-001 – São Paulo – SP
Tel.: (11) 3864-0111 Fax: (11) 3864-4290
cortez@cortezeditora.com.br
www.cortezeditora.com.br

Direção
José Xavier Cortez

Editor
Amir Piedade

Preparação
Alessandra Biral

Revisão
Alessandra Biral
Gabriel Maretti

Edição de Arte
Mauricio Rindeika Seolin

Ilustração de capa
Antônio Carlos Tassara

Dados Internacionais de Catalogação na Publicação (CIP)
(Câmara Brasileira do Livro, SP, Brasil)

Silva, Ana Paula Soares da
 Educação Infantil do campo / Ana Paula Soares da Silva; Jaqueline Pasuch; Juliana Bezzon da Silva – 1. ed. – São Paulo: Cortez, 2012. – (Coleção Docência em Formação: Educação Infantil / coordenação Selma Garrido Pimenta)

Bibliografia.
ISBN 978-85-249-1947-3

1. Educação infantil 2. Educação rural 3. Pedagogia 4. Professores – Formação I. Pasuch, Jaqueline. II. Silva, Juliana Bezzon da. III. Pimenta, Selma Garrido. IV. Título. V. Série.

12-08759   CDD-370.19346

Índices para catálogo sistemático:
1. Formação de professores: Educação infantil
do campo 370.19346

Impresso no Brasil – julho de 2012

Ana Paula Soares da Silva
Jaqueline Pasuch
Juliana Bezzon da Silva

Educação Infantil do campo

1ª edição
2012

*Às crianças do campo, entre elas, Bel e Jeremias, Vitinho e Miriã,
Bruno e Vitor, que nos ajudaram a compor histórias
e conhecimentos que partilhamos nestas páginas.*

*Aos professores e professoras que acreditam
na força e na vida do campo e em seu trabalho com crianças.*

Agradecimentos

*À professora Zilma Moraes Ramos de Oliveira,
pelo convite e pelas pertinentes contribuições às ideias aqui contidas.*

*À professora Maria Clotilde Rossetti-Ferreira, pelo apoio, pelo estímulo a esse debate e
pelo carinho com que recebeu o convite para prefaciar esta obra.*

*À professora Rita Coelho, grande incentivadora do debate nacional
e da política pública para a Educação Infantil.*

*Ao Setor de Educação e aos educadores cirandeiros
do Assentamento Mário Lago, pelos aprendizados mútuos
que vimos construindo.*

*Às comunidades que vêm acolhendo os trabalhos desenvolvidos
pela professora Jaqueline Pasuch e seu grupo da Unemat/Sinop.*

*Aos alunos de extensão, iniciação científica, mestrado e doutorado do
grupo Subjetividade, Educação e Infância nos Territórios Rurais e da Reforma Agrária
(Seiterra) e demais membros do Centro de Investigações sobre o Desenvolvimento Humano
e Educação Infantil (Cindedi).*

*Às colegas Anamaria Santana, Edna Rossetto, Fernanda Leal,
Isabel de Oliveira e Silva, Isabela Camini, Márcia Ramos, Maria Natalina Mendes
Freitas, Maria Carmem Barbosa, Sônia Regina dos Santos Teixeira,
Sonilda Pereira, Simone Albuquerque, Tânia Dornellas,
testemunhas e interlocutoras privilegiadas na construção de nossas ideias.*

Ao Marcelo, à Ana Júlia e ao Lívio, pela gostosa partilha diária da vida.

*À Fundação de Amparo à Pesquisa do Estado de São Paulo (Fapesp),
à Fundação de Amparo à Pesquisa do Estado de Mato Grosso (Fapemat),
ao Conselho Nacional de Desenvolvimento Científico e Tecnológico (CNPq)
e à Pró-Reitoria de Cultura e Extensão da Universidade de São Paulo (USP), pelo
financiamento às pesquisas e aos projetos de extensão vinculados
aos grupos a que pertencem as autoras desta obra.*

SUMÁRIO

AOS PROFESSORES 7

APRESENTAÇÃO DA COLEÇÃO 9

PREFÁCIO 19

UM CONVITE AO COMPROMISSO
COM A CRIANÇA DO CAMPO 25

INTRODUÇÃO 33

Capítulo I ENCONTRO DE SABERES SOBRE A CRIANÇA
E SEU CONTEXTO DE VIDA RURAL 43

Capítulo II BASES LEGAIS DA ORGANIZAÇÃO PEDAGÓGICA
DA EDUCAÇÃO INFANTIL DO CAMPO 55

Capítulo III O GERAL E O ESPECÍFICO NA
EDUCAÇÃO INFANTIL DO CAMPO 71
    1. Definindo as relações entre
    o geral e o específico 73
    2. Os desafios da igualdade
    de oportunidades, da qualidade
    e da equidade 86

Capítulo IV A AMBIÊNCIA DAS APRENDIZAGENS
SIGNIFICATIVAS E DAS EXPERIÊNCIAS 93
    1. A voz da criança do campo 98
    2. Experiências significativas,
    diversificadas e integradoras 105
    3. Os espaços, os materiais e os brinquedos .. 118
    4. Organização de tempos 131
    5. A composição de turmas na
    Educação Infantil do campo 141

Capítulo V CULTURA E PRODUÇÃO LOCAL COMO
INSTRUMENTOS DO TRABALHO PEDAGÓGICO .. 151

Capítulo VI UM CURRÍCULO VOLTADO PARA UM MEIO
AMBIENTE ECOLOGICAMENTE EQUILIBRADO ... 171

Capítulo VII OS CAMINHOS DAS CRIANÇAS ATÉ AS
PRÉ-ESCOLAS: IMPLICAÇÕES PARA
A ORGANIZAÇÃO PEDAGÓGICA 183

Capítulo VIII FAZERES E SABERES DA E NA DOCÊNCIA:
SIGNIFICAÇÕES DA
EDUCAÇÃO INFANTIL DO CAMPO 197

Capítulo IX A PARTICIPAÇÃO DA FAMÍLIA 209

Capítulo X "CONTINUAÇÕES" FINAIS: POR UMA
GRANDE RODA DE CONVERSA 227

REFERÊNCIAS BIBLIOGRÁFICAS 239

ANEXOS 249

Anexo I: Perguntas que nos ajudam
a construir coletivamente a
Educação Infantil do campo 251
Anexo II: Outras indicações bibliográficas
sobre temas relacionados 261

Aos professores

A **Cortez Editora** tem a satisfação de trazer ao público brasileiro, particularmente aos estudantes e profissionais da área educacional, a **Coleção Docência em Formação**, destinada a subsidiar a formação inicial de professores e a formação contínua daqueles que estão em exercício da docência.

Resultado de reflexões, pesquisas e experiências de vários professores especialistas de todo o Brasil, a Coleção propõe uma integração entre a produção acadêmica e o trabalho nas escolas. Configura um projeto inédito no mercado editorial brasileiro por abarcar a formação de professores para todos os níveis de escolaridade: **Educação Básica** (incluindo a **Educação Infantil**, o **Ensino Fundamental** e o **Ensino Médio**), a **Educação Superior**, a **Educação de Jovens e Adultos** e a **Educação Profissional**. Completa essa formação com as Problemáticas Transversais e com os Saberes Pedagógicos.

Com mais de 30 anos de experiência e reconhecimento, a Cortez Editora é uma referência no Brasil, nos demais países latino-americanos e em Portugal por causa da coerência de sua linha editorial e da atualidade dos temas que publica, especialmente na área da Educação, entre outras. É com orgulho e satisfação que lança a **Coleção Docência em Formação**, pois estamos convencidos de que se constitui em novo e valioso impulso e colaboração ao pensamento pedagógico e à valorização do trabalho dos professores na direção de uma escola melhor e mais comprometida com a mudança social.

José Xavier Cortez
Editor

Apresentação da Coleção

A Coleção **Docência em Formação** tem por objetivo oferecer aos professores em processo de formação e aos que já atuam como profissionais da Educação subsídios formativos que levem em conta as novas diretrizes curriculares, buscando atender, de modo criativo e crítico, às transformações introduzidas no sistema nacional de ensino pela Lei de Diretrizes e Bases da Educação Nacional, de 1996. Sem desconhecer a importância desse documento como referência legal, a proposta desta Coleção identifica seus avanços e seus recuos e assume como compromisso maior buscar uma efetiva interferência na realidade educacional por meio do processo de ensino e de aprendizagem, núcleo básico do trabalho docente. Seu propósito é, pois, fornecer aos docentes e alunos das diversas modalidades dos cursos de formação de professores (licenciaturas) e aos docentes em exercício, livros de referência para sua preparação científica, técnica e pedagógica. Os livros contêm subsídios formativos relacionados ao campo dos saberes pedagógicos, bem como ao campo dos saberes relacionados aos conhecimentos especializados das áreas de formação profissional.

A proposta da Coleção parte de uma concepção orgânica e intencional de educação e de formação de seus profissionais, e com clareza do que se pretende formar para atuar no contexto da sociedade brasileira contemporânea, marcada por determinações históricas específicas.

Apresentação da coleção

Como bem mostram estudos e pesquisas recentes na área, os professores são profissionais essenciais nos processos de mudanças das sociedades. Se forem deixados à margem, as decisões pedagógicas e curriculares alheias, por mais interessantes que possam parecer, não se efetivam, não gerando efeitos sobre o social. Por isso, é preciso investir na formação e no desenvolvimento profissional dos professores.

Na sociedade contemporânea, as rápidas transformações no mundo do trabalho, o avanço tecnológico configurando a sociedade virtual e os meios de informação e comunicação incidem com bastante força na escola, aumentando os desafios para torná-la uma conquista democrática efetiva. Transformar as escolas em suas práticas e culturas tradicionais e burocráticas que, por intermédio da retenção e da evasão, acentuam a exclusão social, não é tarefa simples nem para poucos. O desafio é educar as crianças e os jovens propiciando-lhes um desenvolvimento humano, cultural, científico e tecnológico, de modo que adquiram condições para fazer frente às exigências do mundo contemporâneo. Tal objetivo exige esforço constante do coletivo da escola – diretores, professores, funcionários e pais de alunos – dos sindicatos, dos governantes e de outros grupos sociais organizados.

Não se ignora que esse desafio precisa ser prioritariamente enfrentado no campo das políticas públicas. Todavia, não é menos certo que os professores são profissionais essenciais na construção dessa nova escola. Nas últimas décadas, diferentes países realizaram grandes investimentos na área da formação e desenvolvimento profissional de professores visando essa finalidade. Os professores contribuem com seus saberes, seus valores, suas experiências nessa complexa tarefa de melhorar a qualidade social da escolarização.

Entendendo que a democratização do ensino passa pelos professores, por sua formação, por sua valorização profissional e por suas condições de trabalho, pesquisadores têm apontado para a importância do investimento no seu desenvolvimento profissional, que envolve formação inicial e continuada, articulada a um processo de valorização identitária e profissional dos professores. Identidade que é *epistemológica*, ou seja, que reconhece a docência como um *campo de conhecimentos específicos* configurados em quatro grandes conjuntos, a saber:

1. conteúdos das diversas áreas do saber e do ensino, ou seja, das ciências humanas e naturais, da cultura e das artes;
2. conteúdos didático-pedagógicos, diretamente relacionados ao campo da prática profissional;
3. conteúdos relacionados a saberes pedagógicos mais amplos do campo teórico da educação;
4. conteúdos ligados à explicitação do sentido da existência humana individual, com sensibilidade pessoal e social.

Vale ressaltar que identidade que é *profissional,* ou seja, a docência, constitui um campo específico de intervenção profissional na prática social.

APRESENTAÇÃO DA COLEÇÃO

E, como tal, ele deve ser valorizado em seus salários e demais condições de exercício nas escolas.

O desenvolvimento profissional dos professores tem se constituído em objetivo de propostas educacionais que valorizam a sua formação não mais fundamentada na racionalidade técnica, que os considera como meros executores de decisões alheias, mas em uma perspectiva que reconhece sua capacidade de decidir. Ao confrontar suas ações cotidianas com as produções teóricas, impõe-se rever suas práticas e as teorias que as informam, pesquisando a prática e produzindo novos conhecimentos para a teoria e a prática de ensinar. Assim, as transformações das práticas docentes só se efetivam à medida que o professor *amplia sua consciência sobre a própria prática*, a de sala de aula e a da escola como um todo, o que pressupõe os conhecimentos teóricos e críticos sobre a realidade. Tais propostas enfatizam que os professores colaboram para transformar as escolas em termos de gestão, currículos, organização, projetos educacionais, formas de trabalho pedagógico. Reformas gestadas nas instituições, sem tomar os professores como parceiros/autores, não transformam a escola na direção da qualidade social. Em consequência, *valorizar o trabalho docente significa dotar os professores de perspectivas de análise que os ajudem a compreender os contextos históricos, sociais, culturais, organizacionais nos quais se dá sua atividade docente.*

Na sociedade brasileira contemporânea, novas exigências estão postas ao trabalho dos professores. No colapso das antigas certezas morais, cobra-se deles que cumpram funções da família e de outras instâncias sociais; que respondam à necessidade de afeto dos alunos; que resolvam os problemas da violência, das drogas e da indisciplina; que preparem melhor os alunos nos conteúdos das matemáticas, das ciências e da tecnologia tendo em vista colocá-los em melhores condições para enfrentarem a competitividade; que restaurem a importância dos conhecimentos na perda de credibilidade das certezas científicas; que sejam os regeneradores das culturas/identidades perdidas com as desigualdades/diferenças culturais; que gestionem as escolas com economia cada vez mais frugal; que trabalhem coletivamente em escolas com horários cada vez mais fragmentados. Em que pese a importância dessas demandas, não se pode exigir que os professores individualmente considerados façam frente a elas. Espera-se, sim, que coletivamente apontem caminhos institucionais ao seu enfrentamento.

É nesse contexto complexo, contraditório, carregado de conflitos de valor e de interpretações, que se faz necessário ressignificar a identidade do professor. O ensino, atividade característica do professor, é uma prática social complexa, carregada de conflitos de valor e que exige opções éticas e políticas. Ser professor requer saberes e conhecimentos científicos, pedagógicos, educacionais, sensibilidade da experiência, indagação teórica e criatividade para fazer frente às situações únicas, ambíguas, incertas, conflitivas e, por vezes, violentas, das situações de ensino, nos contextos escolares e não escolares. É da natureza da atividade docente proceder à mediação reflexiva e crítica entre

Apresentação da coleção

as transformações sociais concretas e a formação humana dos alunos, questionando os modos de pensar, sentir, agir e de produzir e distribuir conhecimentos na sociedade.

Problematizando e analisando as situações da prática social de ensinar, o professor incorpora o conhecimento elaborado, das ciências, das artes, da filosofia, da pedagogia e das ciências da educação, como ferramentas para a compreensão e proposição do real.

A Coleção investe, pois, na perspectiva que valoriza a capacidade de decidir dos professores. Assim, discutir os temas que perpassam seu cotidiano nas escolas – projeto pedagógico, autonomia, identidade e profissionalidade dos professores, violência, cultura, religiosidade, a importância do conhecimento e da informação na sociedade contemporânea, a ação coletiva e interdisciplinar, as questões de gênero, o papel do sindicato na formação, entre outros –, articulados aos contextos institucionais, às políticas públicas e confrontados com experiências de outros contextos escolares e com as teorias, é o caminho a que a Coleção **Docência em Formação** se propõe.

Os livros que a compõem apresentam um tratamento teórico-metodológico pautado em três premissas: há uma estreita vinculação entre os conteúdos científicos e os pedagógicos; o conhecimento se produz de forma construtiva e existe uma íntima articulação entre teoria e prática.

Assim, de um lado, impõe-se considerar que a atividade profissional de todo professor possui uma natureza pedagógica, isto é, vincula-se a objetivos educativos de formação humana e a processos metodológicos e organizacionais de transmissão e apropriação de saberes e modos de ação. O trabalho docente está impregnado de intencionalidade, pois visa a formação humana por meio de conteúdos e habilidades de pensamento e ação, implicando escolhas, valores, compromissos éticos. O que significa introduzir objetivos explícitos de natureza conceitual, procedimental e valorativa em relação aos conteúdos da matéria que se ensina; transformar o saber científico ou tecnológico em conteúdos formativos; selecionar e organizar conteúdos de acordo com critérios lógicos e psicológicos em função das características dos alunos e das finalidades do ensino; utilizar métodos e procedimentos de ensino específicos inserindo-se em uma estrutura organizacional em que participa das decisões e das ações coletivas. Por isso, para ensinar, o professor necessita de conhecimentos e práticas que ultrapassem o campo de sua especialidade.

De outro ponto de vista, é preciso levar em conta que todo conteúdo de saber é resultado de um processo de construção de conhecimento. Por isso, dominar conhecimentos não se refere apenas à apropriação de dados objetivos pré-elaborados, produtos prontos do saber acumulado. Mais do que dominar os produtos, interessa que os alunos compreendam que estes são resultantes de um processo de investigação humana. Assim, trabalhar o conhecimento no processo formativo dos alunos significa proceder à mediação entre os significados do saber no mundo atual e aqueles dos contextos nos quais foram produzidos. Significa explicitar os nexos entre a atividade de pesquisa e seus resultados, portanto, instrumentalizar os alunos no próprio processo de pesquisar.

Na formação de professores, os currículos devem configurar a pesquisa como *princípio cognitivo*, investigando com os alunos a realidade escolar, desenvolvendo neles essa atitude investigativa em suas atividades profissionais e assim configurando a pesquisa também como *princípio formativo* na docência.

Além disso, é no âmbito do processo educativo que mais íntima se afirma a relação entre a teoria e a prática. Em sua essência, a educação é uma prática, mas uma prática intrinsecamente intencionalizada pela teoria. Decorre dessa condição a atribuição de um lugar central ao estágio, no processo da formação do professor. Entendendo que o estágio é constituinte de todas as disciplinas percorrendo o processo formativo desde seu início, os livros da Coleção sugerem várias modalidades de articulação direta com as escolas e demais instâncias nas quais os professores atuarão, apresentando formas de estudo, análise e problematização dos saberes nelas praticados. O estágio também pode ser realizado como espaço de projetos interdisciplinares, ampliando a compreensão e o conhecimento da realidade profissional de ensinar. As experiências docentes dos alunos que já atuam no magistério, como também daqueles que participam da formação continuada, devem ser valorizadas como referências importantes para serem discutidas e refletidas nas aulas.

Considerando que a relação entre as instituições formadoras e as escolas pode se constituir em espaço de formação contínua para os professores das escolas assim como para os formadores, os livros sugerem a realização de projetos conjuntos entre ambas. Essa relação com o campo profissional poderá propiciar ao aluno em formação oportunidade para rever e aprimorar sua escolha pelo magistério.

Para subsidiar a formação inicial e continuada dos professores onde quer que se realizem: nos cursos de licenciatura, de pedagogia e de pós-graduação, em universidades, faculdades isoladas, centros universitários e Ensino Médio, a Coleção está estruturada nas seguintes séries:

Educação Infantil: profissionais de creche e pré-escola.

Ensino Fundamental: professores do 1º ao 5º ano e do 6º ao 9º ano.

Ensino Médio: professores do Ensino Médio

Ensino Superior: professores do Ensino Superior.

Educação Profissional: professores do Ensino Médio e Superior Profissional.

Educação de Jovens e Adultos: professores de jovens e adultos em cursos especiais.

Saberes pedagógicos e formação de professores.

Problemáticas transversais e formação de professores.

Em síntese, a elaboração dos livros da Coleção pauta-se nas seguintes perspectivas: investir no conceito de *desenvolvimento profissional*, superando a visão dicotômica de formação inicial e de formação continuada; investir em sólida formação teórica nos campos que constituem os saberes da docência; considerar a formação voltada para a profissionalidade docente e para a construção da identidade de professor; tomar a pesquisa como componente essencial da/na formação; considerar a prática social concreta da educação como objeto de reflexão/formação ao longo do processo formativo; assumir a visão de totalidade do processo escolar/educacional em sua inserção no contexto sociocultural; valorizar a docência como atividade intelectual, crítica e reflexiva; considerar a ética como fator fundamental na formação e na atuação docente.

São Paulo, 21 de fevereiro de 2012
Selma Garrido Pimenta
Coordenadora

PREFÁCIO

Prefácio

*Para alguém que tem acompanhado os desafios
e as transformações da Educação Infantil no Brasil
desde a década de 1970, testemunhando,
investigando e participando de seu desenvolvimento,
é um imenso prazer prefaciar um livro sobre
Educação Infantil do campo.*

Esta obra evidencia um movimento novo e promissor, que aponta perspectivas para políticas públicas de qualidade que atendam aos direitos de toda a infância brasileira.

O livro é fruto de um diálogo entre sujeitos envolvidos com a Educação, provenientes de áreas diversas: de representantes de movimentos sociais a pesquisadores(as) da infância e do campo, de gestores(as) e professores(as) a conselheiros(as) municipais e estaduais de Educação.

Esse encontro vem sendo estimulado e apoiado pela Coordenação Geral de Educação Infantil (Coedi/SEB) e pela Coordenação Geral de Educação do Campo (CGEC/Secadi), do Ministério da Educação (MEC), desde 2008, com o objetivo de enfrentar o desafio de pautar a Educação Infantil das áreas rurais brasileiras, com base no conhecimento das vivências do bebê e da criança pequena nesses contextos tão diversos. A partir desse trabalho coletivo, foram elaboradas as Orientações Curriculares para a Educação Infantil do campo.

Analisando o desenvolvimento de creches e pré-escolas no Brasil nas últimas décadas, verificamos que este se deu, sobretudo, em espaços urbanos. Porém, já em nossos primeiros estudos na década de 1970, várias das creches de pequenas cidades da região de Ribeirão Preto atendiam a crianças filhas de famílias dos chamados boias-frias que trabalhavam no estafante corte e carregamento de cana-de-açúcar. Esse foi o caso da creche que aparece em nosso primeiro vídeo, *A arte de varrer pra debaixo do tapete*, financiado pelo Instituto Nacional de Estudos e Pesquisas Educacionais (Inep) em 1984. Nosso objetivo foi denunciar as condições precárias em que viviam a criança, a educadora e a mãe trabalhadora rural, na intenção de estimular um debate e um movimento pela melhoria de qualidade das creches. Dessa época para cá, houve muitos avanços nesse sentido, embora haja ainda muito que fazer.

A obrigatoriedade de frequência da criança à escola de Educação Infantil a partir dos quatro anos, recentemente legislada, tornou ainda mais premente um amplo investimento para conhecer os modos de vida e as práticas educacionais com bebês e crianças pequenas brasileiras, particularmente daquelas que vivem em regiões afastadas dos grandes centros urbanos.

Nas últimas décadas, o Brasil, um país imenso e diverso, vem sofrendo intensas modificações. Mudanças no contexto das moradias, diretamente ligadas à precariedade das condições de trabalho ou à falta de empregos em certas áreas, que levaram a migrações, sobretudo para os grandes centros urbanos. Em poucas geações, o urbano prevaleceu sobre o rural. Por outro lado, inúmeros pequenos municípios preservam ainda parte de sua estrutura e costumes próprios do campo.

Mudanças também na estrutura e costumes familiares, com crianças de todas as camadas sociais crescendo nos mais variados contextos: de famílias extensas, em que crianças convivem com várias gerações a famílias nucleares, compostas de pai, mãe e filhos, famílias monoparentais, famílias homoafetivas, famílias reestruturadas, em que convivem irmãos de diferentes uniões dos pais etc.

A própria amplitude e diversidade do País traz em si uma imensa variedade de culturas, formas de viver e sobreviver: das populações ribeirinhas aos sem-terra, dos indígenas aos quilombolas, em um mosaico de grande variedade de costumes e hábitos.

Este livro examina questões da prática cotidiana nas creches e pré-escolas que atendem às populações de variados territórios rurais, apontando a riqueza de fazeres e saberes que eles podem trazer, e os problemas que frequentemente têm de enfrentar (como o transporte), os quais em geral nem são reconhecidos ou são depreciados pela escola e seus(suas) professores(as).

Busca estabelecer um diálogo com os(as) professores(as) que estão vivenciando a realidade das instituições de Educação Infantil do campo, convidando-os(as) a refletirem e debaterem sobre o tema, para sentirem-se atores no processo de construção de novos referenciais de qualidade para as instituições de Educação Infantil do campo.

Fica aqui o convite para o leitor interagir com este livro, que certamente irá ampliar os horizontes com relação à Educação Infantil brasileira como um todo, apontando desafios e possibilidades de práticas e políticas públicas de qualidade para atender os bebês e as crianças pequenas da população de territórios rurais.

Maria Clotilde Rossetti-Ferreira

UM CONVITE AO COMPROMISSO COM A CRIANÇA DO CAMPO

Um convite ao compromisso com a criança do campo

Queremos iniciar este livro socializando com as leitoras e os leitores as maneiras pelas quais as autoras, nos últimos anos, foram sendo desafiadas a refletir e a construir conhecimento sobre a Educação Infantil para as crianças do campo. Várias foram as mobilizações pessoais, profissionais e de militância na área.

Em 2007, houve um convite feito por assentados da reforma agrária a uma das autoras, Ana Paula Soares da Silva, para que desenvolvesse um trabalho na Ciranda Rumo à Liberdade, do Assentamento Mário Lago, vinculado ao Movimento dos Trabalhadores Rurais Sem Terra (MST), na região de Ribeirão Preto (SP). Desde lá, e já no segundo ano de trabalho com a participação de outra das autoras deste livro, Juliana Bezzon da Silva, as atividades de extensão com crianças e adultos desse assentamento, realizadas semanalmente, construíram vínculos com o movimento social e com outros grupos que também desenvolvem atividades em áreas de assentamento.

Essas atividades instigaram temáticas desafiadoras para as pesquisadoras e impregnaram olhares, referenciais teóricos, corpos e pele, enfim, enraizaram as pesquisadoras na terra, no campo. Também foram elas que impulsionaram novas questões de pesquisa sobre a infância do campo e sobre a Educação Infantil nesse contexto e estimularam a constituição, no centro de pesquisa ao qual pertencem, de um subgrupo denominado Subjetividade, Educação e Infância nos Territórios Rurais e da Reforma Agrária (Seiterra). A esse grupo, vinculam-se alunos de iniciação científica, mestrado e doutorado da Faculdade de Filosofia, Ciências e Letras de Ribeirão Preto (FFCLRP-USP), que ampliam a práxis do Centro de Investigações sobre Desenvolvimento Humano e Educação Infantil (Cindedi) daquela faculdade. Esse centro possui sólida experiência em pesquisas e atividades de extensão com crianças em contextos urbanos de educação coletiva.

A proposta da presente obra também se articula ao trabalho desenvolvido pela professora Jaqueline Pasuch, da Universidade do Estado de Mato Grosso (Unemat), de acompanhamento da Educação do Campo em diversos municípios e comunidades da região norte de Mato Grosso. Em 2006, a coordenação da Escola São Pedro, localizada na área rural do município de Terra Nova do Norte (MT), solicitou aos professores da Unemat que auxiliassem na construção do projeto político-pedagógico escolar vinculado à realidade e aos pressupostos teórico-metodológicos do campo. A professora Jaqueline Pasuch foi uma das professoras convidadas e, a partir daquele trabalho, vários outros foram realizados. Seu grupo de pesquisa, denominado Educação e Diversidade Educacional no Contexto da Amazônia Legal Mato-Grossense, procura articular saberes e práticas da Educação do Campo com conhecimentos da Educação Infantil.

Em 2010, por meio do Projeto Múltiplos Olhares Pedagógicos da Educação do Campo (Mopec), os pesquisadores desenvolveram um processo de formação continuada sobre os saberes necessários à docência na especificidade do campo. Foram constituídas as "cirandas dos saberes do campo" nos diálogos entre os educadores do campo de 32 municípios, os pesquisadores da Unemat/Sinop/Mopec, a Secretaria de Estado de Educação do Mato Grosso e as Secretarias Municipais de Educação pertencentes ao projeto de pesquisa e extensão. O projeto contou ainda com diálogos com a Universidade de São Paulo (*campus* Ribeirão Preto) e a Universidade Federal do Rio Grande do Sul (UFRGS/Faced). Em 2011, o grupo de pesquisa e extensão passou a coordenar e acompanhar a execução de um curso de Licenciatura em Pedagogia do Campo, oferecido por meio do convênio entre o Ministério da Educação, a Coordenação de Aperfeiçoamento de Pessoal de Nível Superior e a Universidade do Estado do Mato Grosso (MEC/Capes/Unemat) para os(as) educadores(as) que já exerciam a docência nos assentamentos rurais de Mato Grosso, mas que não possuíam formação em Ensino Superior.

A aproximação dos dois grupos (Cindedi na USP/Ribeirão Preto e Mopec na Unemat/Sinop) vem sendo realizada por meio dos aprofundamentos de estudos na perspectiva teórico-metodológica denominada Rede de Significações (RedSig). Elaborada pela professora Maria Clotilde Rossetti-Ferreira e colaboradoras, essa perspectiva nasceu da investigação e intervenção em creches e pré-escolas.

Foi, portanto, a entrada das autoras nos territórios rurais que permitiu que as questões relativas à Educação Infantil (objeto de investigação consolidado nos seus grupos de pesquisa) ganhassem complexidade e instigassem as intersecções com a chamada Educação do Campo.

As ideias contidas neste livro também possuem vinculação com os desdobramentos ocorridos a partir de um convite feito à Ana Paula e à Jaqueline, em 2010, pela professora Rita de Cássia de Freitas Coelho, da Coordenação de Educação Infantil do Ministério da Educação (Coedi/SEB/MEC). O convite era para que coordenassem um grupo de trabalho nacional para elaborar as Orientações Curriculares para a Educação Infantil do Campo. Foi aberto um diálogo propositivo entre pessoas comprometidas com a Educação Infantil e com a Educação do Campo. Esse grupo reuniu pesquisadores dessas duas áreas, pertencentes a diferentes universidades públicas, e representantes de movimentos sociais, em um desafio especial de pautar a Educação Infantil para as crianças das áreas rurais brasileiras. Além do texto sobre as orientações curriculares (disponível na página do Ministério da Educação), foram promovidos encontros e reuniões técnicas, realizadas entre agosto e dezembro de 2010 em cada uma das regiões (Manaus-Norte; Natal-Nordeste; Sinop-Centro-Oeste; Belo Horizonte-Sudeste; Porto Alegre-Sul).

O grupo colaborou também com a organização do I Seminário Nacional de Educação Infantil do Campo, ocorrido em dezembro de 2010, em Brasília, realizado pelo Ministério da Educação por

O grupo de trabalho Orientações Curriculares para a Educação Infantil do Campo, coordenado por Ana Paula e Jaqueline, foi composto por: integrantes do Movimento dos Trabalhadores Rurais Sem Terra (MST) [Edna Rossetto, Márcia Ramos, Isabela Camini]; da Confederação Nacional dos Trabalhadores na Agricultura (Contag) [Eliene Novaes Rocha, Tânia Dornellas]; da Federação dos Trabalhadores na Agricultura do Rio Grande do Sul (Fetag-RS) [Sonilda Pereira]; de universidades [Anamaria Santana, da Universidade Federal de Mato Grosso do Sul (UFMS); Antônia Fernanda Jalles, da Universidade Federal do Rio Grande do Norte (UFRN); Eliete Ávila Wolff, da Universidade de Brasília (UnB); Fernanda Leal, da Universidade Federal de Campina Grande (UFCG); Isabel de Oliveira e Silva, da Universidade Federal de Minas Gerais (UFMG); Maria Natalina Mendes Freitas e Sônia Regina dos Santos Teixeira, da Universidade Federal do Pará (UFPA)].

meio da Coedi, da Secretaria de Educação Básica, e da Coordenação Geral de Educação do Campo (CGEC), da então Secretaria de Educação Continuada, Alfabetização e Diversidade. Em 2011, uma pesquisa nacional passou a ser desenvolvida como resultado do processo desencadeado pelo MEC e, em dezembro do mesmo ano, ocorreu o II Seminário Nacional de Educação Infantil do Campo, em um movimento de troca de experiências e de construção de uma área interdisciplinar.

Nesse percurso e pela presença nesses espaços, sujeitos e vozes dos movimentos sociais, pesquisadores da infância, pesquisadores do campo, gestores(as), professores(as) e conselheiros(as) municipais e estaduais de Educação vêm dialogando conosco e ajudando-nos a compor as propostas contidas neste livro. E foi principalmente a escuta das crianças, sujeitos do campo, o que nos moveu a novas construções e colaborou para as nossas práticas e pesquisas sobre Educação Infantil "no" e "do" campo.

Assim, nessa ciranda de saberes e fazeres, ao longo dos últimos anos de envolvimento com as práticas educativas com crianças pequenas do campo, elaboramos materiais, textos e apresentações em diferentes fóruns de discussão sobre a Educação Infantil no e do campo. Nesse percurso, encontramos professores(as) também bastante interessados(as) nessa temática e comprometidos(as) com as crianças moradoras nas áreas rurais.

Foi, enfim, a professora Zilma de Moraes Ramos de Oliveira, atenta aos movimentos que vínhamos fazendo e sensível à necessidade de produção de materiais, quem nos desafiou a sistematizarmos parte de nossas produções e ideias que estavam esparsas a fim de socializar com professores(as) que trabalham na Educação Infantil o que vimos construindo até aqui.

Nessa socialização, agora nós convidamos professores(as) e gestores(as) para que possam ler as proposições aqui apresentadas como uma iniciativa interessada em provocar reflexões. Esta obra foi elaborada para ser um instrumento nesse sentido, um apoio para as discussões de formação e para os debates com colegas. O convite principal é para que os(as) professores(as) e sistemas também possam se encorajar a publicar seus materiais, a trocar suas experiências, a compartilhar suas práticas e a construir redes que promovam a visibilidade das práticas educativas que ocorrem nos territórios rurais brasileiros. Ao assumirmos coletivamente essa tarefa e ao descrevermos tais práticas, estaremos pautando a necessária visibilidade dos meninos e das meninas do campo, para nós mesmos, para a política pública e para a sociedade de modo geral.

INTRODUÇÃO

Introdução

A Educação Infantil brasileira vem se consolidando como uma área própria de conhecimentos, com saberes específicos, no diálogo e na articulação com os outros níveis da Educação. Contudo, existem desafios que necessitam ser enfrentados nessa consolidação.
Um deles é relativo às crianças moradoras em áreas rurais, por exemplo, os filhos de agricultores familiares, extrativistas, pescadores artesanais, ribeirinhos, assentados e acampados da reforma agrária, quilombolas, caiçaras e de outros povos ou comunidades tradicionais. Embora existam avanços na Educação Infantil, que se expressam no fato de o País já contar com um acervo de artigos, livros e materiais didáticos que contribuem para a socialização dos conhecimentos e para a orientação pedagógica dos trabalhos dos(as) professores(as), questões relativas à especificidade das crianças do campo e dos povos tradicionais, por exemplo, de seus modos de vida, de suas rotinas e tempos, da relação com o ambiente natural, são desconsideradas nessa produção assim como na política pública.

Na educação das crianças pequenas moradoras em áreas rurais, realizada em contextos coletivos diferentes do familiar, esse fato pode resultar em práticas pedagógicas descontextualizadas, sem sentido para as crianças; práticas que não otimizam ou não consideram as qualidades da vida no campo e não reconhecem que grande parte dos municípios brasileiros possui perfil rural. Dessa forma, pode-se submetê-las exclusivamente às lógicas relacionais, temporais e espaciais características não apenas de centros urbanos, mas, geralmente, de grandes centros urbanos, que possuem maior poder na difusão e circulação de conhecimentos neles gerados.

Sabemos que não são nítidas as fronteiras entre cidade e campo. Existem entre ambos relações de continuidade. Essa realidade, quando não considerada, marca as formas de atendimento educacional às crianças do campo (por vezes no próprio campo e por vezes nas instituições das cidades), acolhendo-as muitas vezes com adaptações precárias, sem colocar no centro da ação pedagógica a concretude da vida da criança do campo: seus espaços de convívio, seus ritmos de viver o tempo, sua participação na produção coletiva de seus familiares e de suas comunidades, seus brinquedos e brincadeiras organicamente vinculados aos modos culturais de existir.

Disso também podem resultar práticas que afetam a identidade e a autoestima das crianças, em particular se seus grupos culturais e familiares não forem valorizados no cotidiano das instituições educacionais, sucumbindo-os diante de uma suposta superioridade da cidade e, consequentemente, de seus modos de vida, de suas práticas educativas e das formas de organização do atendimento à criança (expressão discriminatória do campo como lugar do atraso em relação aos encantamentos produzidos pelos modos de viver do mundo urbano). Contrárias a isso, acreditamos que essa dicotomia tem de ser superada quando nos propomos a planejar ações pedagógicas com os sujeitos do campo. É essa sensibilidade ética, estética, política e epistemológica que se considera indispensável aos profissionais da Educação do Campo.

Este livro procura, portanto, atuar nesse espaço desafiador. Nele são discutidas algumas das questões relativas à Educação Infantil e à Educação do Campo, duas áreas na Educação que possuem saberes acumulados que, até recentemente, eram construídos de maneira paralela.

Um dos grandes desafios na garantia do direito à Educação Infantil dos bebês e crianças do campo é articular os princípios orientadores da Educação Infantil como um todo às formas como é feito seu atendimento nas diferentes modalidades territoriais. Se os princípios são os mesmos para todas as crianças de nosso país, moradoras da cidade e do campo, como meio de garantir igualdade de direitos e um atendimento com qualidade, as formas de sua implantação nos diferentes contextos necessitam estar organicamente vinculadas à realidade e à dinâmica da vida das crianças e das famílias, no nosso caso, moradoras nas áreas rurais.

Enfrentar tal questão no âmbito do sistema de educação formal é tarefa necessária, urgente e estratégica para colaborar na construção da identidade da Educação Infantil do campo e para evitar que políticas de flexibilização necessárias para o campo não sejam usadas como justificativa para precarização e redução do custo do atendimento. Esse processo que produz exclusão já é bastante documentado e conhecido por nós na Educação Infantil ofertada às crianças, tanto nos territórios urbanos quanto também nas "escolinhas do campo" tão deficitárias, sem as mínimas condições de atendimento, por suas instalações físicas ou pelos demais requisitos para um atendimento de qualidade.

Esta obra é parte de um movimento coletivo que busca pensar as melhores formas de garantir o direito à creche/pré-escola das crianças do campo, no respeito às demandas das famílias e comunidades rurais e em direção à construção da identidade da Educação Infantil do campo. Ela procura centrar-se em aspectos pedagógicos considerando que essas questões se dão em relação a um contexto histórico, social e cultural de disputa sobre as políticas e as práticas ao campo e às populações de zero a seis anos, *locus* onde se trava uma permanente batalha das ideias, como nos lembra Antonio Gramsci (1891-1937), pensador e político italiano.

Procuramos, ao longo do texto, trazer alguns dos elementos que informam sobre esse contexto e indicar leituras de autores que vêm se dedicando ao registro da história e à construção político-pedagógica da Educação Infantil e da Educação do Campo.

Iniciamos tentando direcionar a atenção para a relação necessária entre as concepções presentes nas regulamentações nacionais em vigor relativas à Educação Infantil e à Educação do Campo. Tais regulamentações trazem princípios e referências para as propostas pedagógicas das creches/pré-escolas das áreas rurais. Ao longo do texto, compartilhamos com os leitores experiências vividas em projetos de pesquisa e extensão, assim como procuramos trazer algumas vozes de outros pesquisadores. Nossa expectativa é de que esse compartilhamento converse com as experiências de cada professor e professora de creche/pré-escola do campo.

Por outro lado, consideramos que discutir a Educação Infantil do campo pode nos levar a repensar os entendimentos que temos da Educação Infantil oferecida nas cidades. O diálogo com a realidade do campo tem nos feito rever a organização de tempos e espaços, historicamente construída e cristalizada no interior de nossas instituições. Ao propor um olhar acurado para as características e peculiaridades da criança real e concreta que interage com seus pares/colegas e seus profissionais no interior das instituições educacionais, espera-se que as propostas aqui apresentadas dialoguem com as creches/pré-escolas no campo e com aquelas da cidade que recebem as crianças do campo.

Esperamos que as ideias aqui contidas possam estimular os(as) professores(as) do campo, os sistemas municipais de ensino e as políticas municipais de Educação Infantil a refletirem sobre as especificidades da Educação do Campo e da criança pequena no campo, e também promoverem novas relações na educação entre o rural e o urbano. Às vezes, para quem mora na cidade, em especial nas grandes cidades, o espaço rural pode parecer muito distante. Contudo, na educação, temos a possibilidade, a oportunidade e o privilégio de, com as crianças, descobrir a presença diária e constituinte do rural em diferentes atividades da vida das pessoas nas cidades. Da mesma forma, as crianças do campo construem imaginários em relação à cidade que podem ser debatidos no encontro educacional.

> Quem são as crianças que acolhemos diariamente em nossas creches e pré-escolas do campo? Que elementos de sua realidade nos passam despercebidos? Que diversidades e identidades possuem nossas crianças? Que relações com o mundo e com o espaço além das creches/pré-escolas nós lhes possibilitamos? Que mediações nós realizamos para que a criança construa conhecimentos sobre o mundo e identidade positiva com seus grupos culturais?
>
> Que concepções e imagens de cidade e de campo nós, adultos, temos? O que sabemos sobre as cidades e os campos? O que sabemos sobre as relações implicadas na constituição dos sujeitos do campo brasileiro? O que pensamos sobre as relações campo-cidade? Como essas concepções estão permeando nossas práticas educacionais? O que as crianças pensam e como participam da construção desse novo modo de viver coletivo? Que imagens e significados elas constroem sobre sua própria educação? O que sabemos sobre a Educação Infantil do campo? Que diálogos são possíveis entre a Educação Infantil e a Educação do Campo?

Evidentemente, as ideias contidas neste livro, como toda produção e sistematização, contêm seus limites, entre os quais destacamos que nossa experiência, no conjunto das diversas infâncias que vivem no campo, circunscreve-se principalmente aos acampamentos e assentamentos rurais. Os exemplos aqui usados são, na maioria, provenientes da relação com essas realidades. Também as questões da política pública para a Educação Infantil do campo não foram objeto do aprofundamento necessário. Privilegiamos aqui o diálogo focado em algumas das demandas do(a) professor(a) para a prática pedagógica, compreendendo, contudo, que o debate da política constitui essa prática. Por outro lado, não conseguimos aqui vencer o silenciamento da produção nacional em relação aos bebês do campo. Se este já é significativo quando consideramos os bebês de modo geral, é ainda maior no caso dos bebês do campo.

Pensar a creche para os bebês do campo requer um conhecimento profundo da comunidade local, da produção econômica da população rural, das demandas de mulheres e homens do campo, do conhecimento das formas de educar as crianças pequenas e, principalmente, do respeito às famílias do campo. Traçamos, portanto, princípios gerais, mas que necessitam ser dialogados com a concretude das necessidades, dos desejos, das opções e dos direitos das famílias e crianças do campo. Que esses limites e lacunas, entre outros fatores, possam ser estímulos para novas reflexões.

Esperamos que a leitura desta obra e as discussões promovidas possam, assim, render novas perguntas e respostas e, principalmente, novas produções, advindas das diferentes regiões do País a fim de contemplar a diversidade que o campo brasileiro possui, seus sujeitos e as infâncias que ele possibilita. Que o presente livro se coloque nessa grande roda de conversa sobre a educação das crianças do campo e inspire outros sujeitos a incorporarem suas vozes nesse movimento. Fica assim nosso ensaio e nosso convite para que sejamos envolvidos nesse frutífero debate.

Capítulo I

ENCONTRO DE SABERES SOBRE A CRIANÇA E SEU CONTEXTO DE VIDA RURAL

Encontro de saberes sobre a criança e seu contexto de vida rural

Quando pensamos em creche/pré-escola, as primeiras imagens que emergem geralmente se vinculam à ideia de um espaço urbano oferecido pela sociedade para compartilhar a educação e o cuidado do bebê e da criança pequena exercidos pela família urbana e o poder público. Tal ideia nos remete à origem das creches, quando estas surgiram para dar conta das mudanças nas dinâmicas familiares provocadas pelos processos de urbanização e industrialização de nosso país.

Contudo, tais processos também influenciaram as relações entre campo e cidade e produziram em nós imagens e concepções sobre as dinâmicas entre esses contextos, frequentemente usadas como justificativas para investirmos ou não, como sociedade, poder público, famílias e profissionais, na ampliação de vagas, na discussão da qualidade, na produção de materiais e na elaboração de propostas pedagógicas para a Educação Infantil das crianças do campo.

Em relação ao campo, a concepção de que a sua população rural não precisa de creche/pré-escola, por vezes, está fundamentada em imagens saudosistas, nostálgicas e romantizadas sobre o contexto

A importância da agricultura familiar no Brasil

O Censo Agropecuário 2006, realizado pelo Instituto Brasileiro de Geografia e Estatística (IBGE), revelou alguns dados sobre o campo brasileiro:

• O Brasil possui mais de cinco milhões de estabelecimentos agropecuários, totalizando mais de 350 milhões de hectares.

• Os estabelecimentos classificados como agricultura familiar somam 84,4% dessas propriedades.

• Enquanto os estabelecimentos da agricultura familiar ocupam uma área total de cerca de 80,2 milhões de hectares e empregam 12,3 milhões de pessoas, os estabelecimentos não familiares ocupam uma área maior, de cerca de 249,6 milhões, e empregam 4,2 milhões de pessoas.

rural: "Mas para que Educação Infantil no campo? No campo, a família é extensa, a comunidade educa de forma compartilhada, a mulher e o local de trabalho estão próximos". Em outras ocasiões, essa mesma concepção serve para fortalecer a imagem de que o campo não existe mais como lugar de vida: "Mas não tem mais ninguém no campo hoje. Está tudo mecanizado. Aquela história de camponês já era".

Por outro lado, quando defendemos que as famílias do campo não precisam de creche, as imagens que daí decorrem são da creche/pré-escola como espaço de guarda, como substituta da família. Ou seja: "Para que haver creche no campo, já que a criança tem educação em casa, na família?".

Hoje, a partir de diversas áreas do conhecimento e de muitas lutas sociais, sabemos que o campo brasileiro, embora denominado assim no singular, possui uma diversidade riquíssima: geográfica, em recursos naturais e biomas, de florestas e matas, nos recursos hídricos, na fauna e na flora que dele fazem parte, nas formas de ocupação do espaço rural. Se tomarmos como referência, por exemplo, a perspectiva de produção de alimentos e da criação de animais, verificamos que, no campo da agricultura familiar (principal responsável pela alimentação da população brasileira), existem pessoas produzindo não apenas alimentos, mas também relações sociais, relações de gênero, relações etárias e intergeracionais, ou seja, essa organização caracteriza as populações dos diferentes campos também como diversas. Neles, as pessoas constroem suas sociabilidades, subjetividades e identidades. Em outras palavras, neles, as crianças crescem e constroem modos de pensar, sentir e agir.

Por sua vez, do ponto de vista da Educação Infantil, as lutas e movimentos sociais fizeram avançar a finalidade da creche/pré-escola na sociedade brasileira. No cenário atual da Educação Infantil, principalmente a partir da Constituição Federal de 1988 e da Lei de Diretrizes e Bases da Educação Nacional (LDB) de 1996, a creche/pré-escola é fortalecida como um direito de toda criança, não apenas como direito das mães ou dos filhos de trabalhadores rurais e urbanos.

Vivenciamos, nas décadas de 1980 e 1990, a transição da Educação Infantil de uma perspectiva pautada no paradigma da necessidade, em particular da família e da mãe de centros urbanos, para um paradigma do direito da criança, a criança cidadã, sujeito de direitos. Trata-se do direito a processos de socialização complementares aos da família, que ocorrem em ambientes em que são potencializadas as interações entre crianças de diferentes e de mesma idade e que lhes permitem a vivência de experiências diversificadas nos processos de conhecimento do mundo, de seu entorno e de si mesmas. Essa transição marca o reconhecimento da importância da creche/pré-escola para o processo de formação humana da criança bem pequena, em ambiente coletivo especialmente organizado para educá-la.

Nesse sentido, a creche/pré-escola estendeu-se como direito para todas as crianças, independente de suas vinculações com a cidade ou o campo. Inspiradas em Bernard Charlot, pesquisador francês, podemos

---

Educação Infantil como parte do sistema de ensino

A Educação Infantil é oferecida em creches e pré-escolas e integra o sistema de ensino como primeira etapa da Educação Básica (artigo 29 da LDB). Na Constituição Federal, aparece como um direito da criança e dever do Estado (artigo 205; artigo 208, inciso IV). Seu oferecimento gratuito (artigo 206, inciso IV) é também um direito social dos trabalhadores rurais e urbanos, visando a melhoria de sua condição social (artigo 7º, inciso XXV). A criança tem direito à educação de qualidade (artigo 206, inciso VII) e em igualdade de condições para acesso e permanência (artigo 206, inciso I). As Diretrizes Curriculares Nacionais para a Educação Infantil definem no artigo 5º a Educação Infantil da seguinte forma: *A Educação Infantil, primeira etapa da Educação Básica, é oferecida em creches e pré-escolas, as quais se caracterizam como espaços institucionais não domésticos que constituem estabelecimentos educacionais públicos ou privados que educam e cuidam de crianças de 5 anos de idade no período diurno, em jornada integral ou parcial, regulados e supervisionados por órgão competente do sistema de ensino e submetidos a controle social.*

Sobre a obrigatoriedade de matrícula das crianças com quatro e cinco anos de idade

A Emenda Constitucional número 59, de 11 de novembro de 2009, entre outras disposições, deu nova redação aos incisos I e VII do artigo 208 da Constituição Federal, de forma a prever a obrigatoriedade do ensino de quatro a dezessete anos e ampliar a abrangência dos programas suplementares para todas as etapas da Educação Básica. Deu nova redação ao parágrafo 4º do artigo 211 e ao parágrafo 3º do artigo 212 e ao *caput* do artigo 214, com a inserção neste dispositivo de inciso VI. (Redação da emenda. Disponível em: <http://200.181.15.9/ccivil_03/Constituicao/Emendas/Emc/emc59.htm> Acesso em: 5 jan. 2012.)

A Resolução nº 6/2010 do Conselho Nacional de Educação define as diretrizes operacionais para a matrícula no Ensino Fundamental e na Educação Infantil. A criança de seis anos, para o ingresso no Ensino Fundamental deverá ter idade de seis anos completos até o dia 31 de março do ano em que ocorrer a matrícula. As crianças que completam seis anos após essa data devem ser matriculadas na pré-escola.

dizer que, se a creche/pré-escola possui algum sentido para a vida das crianças, esse local se constitui como um espaço-tempo de crescimento e de valorização humana, do cuidado e da educação do "ser", de suas aprendizagens e de "relações com o saber".

No campo, há diferentes formas de organização familiar e de relação das famílias com o sistema de produção, além de diferentes formas de educar os bebês e as crianças pequenas. Algumas dessas famílias podem não necessariamente demandar vaga para seus filhos em creche/pré-escola. Contudo, outras podem requerer a complementaridade da creche/pré-escola para a educação de suas crianças, e esse direito lhes deve ser garantido.

Com a aprovação da Emenda Constitucional número 59, que instituiu a obrigatoriedade de matrícula para crianças de quatro e cinco anos na Educação Infantil, as questões do direito à creche/pré-escola adquirem novas dimensões para essa faixa etária. Os sistemas de ensino terão até 2016 para implantar progressivamente a obrigatoriedade da matrícula das crianças de quatro e cinco anos na Educação Infantil. Especialmente nesse contexto, necessitamos aprofundar discussões sobre a Educação Infantil para as crianças do campo de modo a garantirmos formas efetivas e qualificadas de sua implantação em todo o País.

A principal questão que se coloca não é mais "por que" ofertar Educação Infantil para as populações do campo, mas "como" garantir o direito à creche/pré-escola para as populações rurais que o desejam, respeitando as demandas das famílias, suas formas de relação com a produção e as especificidades das crianças do campo.

> Que Educação Infantil do campo deve ser proposta? O que caracteriza uma Educação Infantil do campo? Que elementos aproximam e distanciam a Educação Infantil do campo da Educação Infantil ofertada para as crianças na cidade? Quais são os elementos de especificidades que devem ser considerados indispensáveis para que a Educação Infantil do campo seja realizada com qualidade?

A preocupação com a Educação Infantil do campo ganha relevância quando consideramos que apenas recentemente esse tema vem sendo incorporado nos movimentos da Educação Infantil e nos movimentos sociais do campo, nas ações de governo e nas pesquisas acadêmicas. As especificidades da Educação Infantil em relação a outras etapas da Educação Básica, dadas pelas características dos bebês e das crianças bem pequenas, e as especificidades das formas de organização e produção da vida no campo exigem do processo coletivo de construção da Educação Infantil do campo um encontro de saberes interdisciplinares.

Do ponto de vista dos movimentos sociais ligados à luta pela terra e por um modelo de educação das populações rurais, é importante situar que, no início dos anos 2000, no documento: Por uma Educação do Campo: Declaração de 2002, produzido no Seminário Nacional por uma Educação do Campo, a Educação Infantil foi pautada no bojo de suas reivindicações. No âmbito dos movimentos em defesa da Educação Infantil de qualidade para todas as crianças, em 2011, o Movimento Interfóruns de Educação Infantil Brasileira (Mieib) principiou essa discussão em seus encontros regionais e nacional.

Há algumas publicações sobre estudos da Educação do Campo em geral que procuram incluir, em determinados aspectos de seus trabalhos, questões relativas à Educação Infantil. Entre as publicações com essas características, destacamos aquelas realizadas por Maria Antônia de Souza; Maria Clara Di Pierro e Marcia Regina Andrade; José Luiz Ferreira; Claudemiro Godoy do Nascimento.

Indicamos materiais de dois movimentos sociais de luta pela reforma agrária com produção voltada à Educação Infantil. Do Movimento dos Trabalhadores Rurais Sem Terra, citamos os textos Educação Infantil: construindo uma nova criança (*Boletim da Educação* n. 7, São Paulo, 1997) e Educação Infantil: movimento da vida, dança do aprender (*Caderno de Educação* n. 12, São Paulo, 2004). Na publicação síntese do Seminário Nacional sobre Políticas de Proteção Integral à Criança e ao Adolescente no Campo, realizado em Confederação Nacional dos Trabalhadores na Agricultura (Contag), também se defende o acesso à Educação Infantil de qualidade, em espaços adequados e com práticas pedagógicas compatíveis.

As discussões que predominantemente circulam na área da Educação Infantil, marcadas pela vinculação originária com as cidades, não repercutem a problemática do campo. Em consequência, a área não conhece em profundidade as condições socioculturais e econômicas que estruturam e circunscrevem o campo e as infâncias do campo; ou seja, desconhece a criança do campo concreta, seus modos de vida, suas brincadeiras, seus símbolos, seus interesses, sua participação social e suas demandas. Desconhece como organizar os tempos, atividades e espaços a partir dessa concretude, assim como produzir materiais que tenham sentido na vida da criança.

Por sua vez, os debates que gravitam em torno da Educação do Campo, embora considerem as diferentes gerações, geralmente se centralizam nas crianças maiores, nos jovens e adultos. Além disso, existe hoje relativa produção sobre as iniciativas e práticas educativas dos próprios movimentos sociais e sindicais do campo que são importantes de serem reconhecidas e podem auxiliar como parâmetros às práticas institucionais mais vinculadas com a vida dos sujeitos do campo. Contudo, embora essas iniciativas sejam talvez o maior objeto de investigação e produção sobre as infâncias do campo, nem sempre se relacionam às experiências do sistema formal de educação.

No sistema de ensino, a problematização pedagógica e os desafios para a organização de tempos, espaços, materiais e atividades são ainda pouco enfrentados no debate educacional a partir dos bebês e das crianças bem pequenas do campo.

A criança bem pequena possui seu direito à Educação Infantil pública, gratuita, laica e de qualidade, o que inclui vaga próxima à residência. Entretanto, oferecer Educação Infantil no campo não é suficiente quando queremos considerar as creches/pré-escolas como instrumentos e espaços de desenvolvimento, de formação humana e de construção de subjetividade e sociabilidade das crianças do campo. Não se pode oferecer à criança do campo uma educação voltada para uma criança abstrata, sem contexto. Esse contexto é o campo significativo para seu desenvolvimento e precisa dialogar com as formas de educá-la em espaços públicos e coletivos. Daí falar em "Educação Infantil do campo".

A expressão "do campo" é bastante conhecida no âmbito dos movimentos sociais e sindicais, dos estudos e das políticas da educação das populações rurais. Entretanto, para nós da Educação Infantil, esta ainda não foi amplamente assimilada. O importante é pôr em evidência e discussão o tipo de Educação Infantil que devemos ofertar para as crianças do campo. Isso requer criar canais de diálogo entre os avanços e os conhecimentos que consolidamos na Educação Infantil e na Educação do Campo.

Será necessária uma síntese a fim de superar concepções de campo sem criança pequena e concepções de criança vinculadas unicamente a um ideário urbano. Essas duas especificidades, tal como as definimos e conhecemos hoje, apresentam questões recentes aos sistemas de ensino, ou seja, certo caráter de novidade. Quando provocamos sua junção (Educação Infantil do campo), a novidade é ainda mais emergente e desafiadora.

Atividade

Vamos explorar as imagens de campo e de cidade que possuímos? A seguir, apresentamos trechos de dois poemas, um do português Alberto Caeiro (heterônimo de Fernando Pessoa) e outro do poeta popular nordestino Jessier Quirino. Que tipos de imagens, concepções e sentimentos de campo e de cidade esses poemas nos suscitam? Que representações e concepções de campo e de cidade estão presentes neles? Criem também um poema sobre campo e cidade. Que tipos de imagens e concepções de campo apareceram em nossa produção? Há algum tipo de preconceito? Em caso afirmativo, de que forma podemos superá-lo?

Eu sou do tamanho do que vejo

Da minha aldeia vejo quanto da terra se pode ver no universo...
Por isso a minha aldeia é tão grande como outra terra qualquer,
Porque eu sou do tamanho do que vejo
E não do tamanho da minha altura...

Nas cidades a vida é mais pequena
Que aqui na minha casa no cimo deste outeiro.
Na cidade as grandes casas fecham a vista à chave,
Escondem o horizonte, empurram o nosso olhar
para longe de todo o céu,
Tornam-nos pequenos porque nos tiram o que os nossos olhos
nos podem dar,
E tornam-nos pobres porque a nossa única riqueza é ver.
(Alberto Caeiro, Poesia.)

* * * * *

Zé Qualquer e Chica Boa

Empurra a cancela, Zé
Abre o curral da verdade
Pra mostrar pra mocidade
Como é que vive um Zé
[...]

O Zé que se aprisiona
Aos cacos velhos da enxada
Que nasce herdeiro do nada
E qualquer lado é seu caminho
Medalhas, são seus espinhos
Quedas de bois são batalhas
Seus braços, duas cangalhas
[...]
O Zé que assim se conduz
Nas brenhas deste sertão
O Zé-Ninguém, Zé Qualquer
Mas o Qualquer desse Zé
Não é qualquer qualquer não.

É um Qualquer niquelado
Acabestrado num Zé
Não é Zé pra qualquer nome
Nem Qualquer pra qualquer Zé...
Mas quem seria esse Zé?

Sois argumento de foice
Sois riacho correntoso
Tu sois carquejo espinhoso
Sois calo de coronel
Sois cor de barro a granel
Sois couro bom que não mofa
Sois um doutor sem farofa
Sem soqueira de anel.

Sois umbuzeiro de estrada
Sois ninho de carcará
Sois folha seca, sois galho
Sois fulô de se cheirar
Sois fruto doce e azedo
Sois raiz que logo cedo
Quer terra pra se enfiar.

No inverno sois caçote
Espelho de céu no chão
[...]
Sois um Zé Qualquer do mato
Provador de amargor
Tu sois urro, sois maciço
Devoto do padre Ciço
Sois matuto rezador
O Zé Qualquer em pessoa
Marido de Chica Boa
O teu verdadeiro amor.
[...]

(Jessier Quirino, Prosa morena.)

Leituras importantes

CRAIDY, Carmem M.; KAERCHER, Gladis E. *Educação Infantil*: pra que te quero? Porto Alegre: Artmed, 2001.

EDUCAÇÃO DO CAMPO. *Cadernos Cedes*, Campinas, v. 27, n. 72, p. 113-248, 2007.

KOLLING, Edgar J.; CERIOLI, Paulo R.; CALDART, Roseli S. (Orgs.). *Educação do Campo*: identidade e políticas públicas. Brasília, DF: Articulação Nacional por uma Educação do Campo, 2002. (Por Uma Educação do Campo).

MOVIMENTO INTERFÓRUNS DE EDUCAÇÃO INFANTIL DO BRASIL. Disponível em: <www.mieib.org.br>. Acesso em: 5 jan. 2012.

PESSOA, Fernando. *Poesia completa de Alberto Caeiro*. Edição de Fernando Cabral Martins e Richard Zenith. São Paulo: Companhia das Letras, 2001.

QUIRINO, Jessier. *Prosa morena*. Recife: Bagaço, 2001.

WANDERLEY, Maria de Nazaré Baudel. O mundo rural brasileiro: acesso a bens e serviços e integração campo-cidade. *Estud. Soc. Agric.*, Rio de Janeiro, v. 17, n.1, p. 60-85, 2009. Disponível em: <http://r1.ufrrj.br/esa/art/200904-060-085.pdf>. Acesso em: 5 jan. 2012.

Capítulo II

BASES LEGAIS DA ORGANIZAÇÃO PEDAGÓGICA DA EDUCAÇÃO INFANTIL DO CAMPO

Bases legais da organização pedagógica da Educação Infantil do campo

*As bases legais da
Educação Infantil do campo
vêm sendo construídas muito recentemente
na história da Educação brasileira.
A legislação-marco é a resolução
do Conselho Nacional de Educação
que estabelece as Diretrizes Operacionais
para a Educação Básica
das Escolas do Campo –
Doebec (Resolução CNE/CEB nº 1/2002).
Essas diretrizes prescrevem princípios
e procedimentos para o funcionamento e os projetos
das escolas do campo, na observância às
Diretrizes Curriculares Nacionais para a
Educação Básica, vigentes à época,
entre as quais as Diretrizes
Curriculares Nacionais da Educação Infantil
(Resolução CNE/CEB nº 1/1999).*

As proposições e as concepções apresentadas nas Doebec refletem o embate dos movimentos sociais ligados à luta pela terra como resposta à ausência de políticas educacionais voltadas ao campo. Sobretudo, procuram combater propostas que, quando implantadas, submetem o rural ao urbano e o trabalhador do campo a processos de dominação e de exploração e impõem ideias pedagógicas completamente alheias às suas realidades.

Movimento por uma Educação do Campo

Em 1998, em Luziânia (GO), foi realizada a I Conferência Nacional por uma Educação Básica do Campo. Esse evento teve papel fundamental para a rearticulação da questão da educação dos povos do campo e inaugurou a concepção de Educação do Campo. Os órgãos coletivos que assinaram a declaração, anunciando o pertencimento ao Movimento por uma Educação do Campo foram: Associação das Casas Familiares Rurais (Arcafar Sul/Norte), Associação dos Geógrafos Brasileiros (AGB), Cáritas, Centro de Assessoria e Apoio aos Trabalhadores e Instituições não Governamentais Alternativas (Caatinga), Centro de Estatística Religiosa e Investigações Sociais (Ceris), Comissão de Educação e Cultura da Câmara dos Deputados (CEC), Comissão Pastoral da Terra (CPT), Confederação Nacional dos Trabalhadores em Agricultura (Contag), Confederação Nacional dos Trabalhadores em Educação (CNTE), Conferência Nacional dos Bispos do Brasil (CNBB), Conselho Missionário Indigenista (Cimi), Conselho Nacional de Secretários de Educação (Consed), Federação dos Estudantes de Agronomia do Brasil (Feab), Federação dos Trabalhadores na Agricultura Familiar (Fetraf), Frente Parlamentar dos Centros Educativos Familiares de Formação por Alternância e Secretaria Especial da Aquicultura e Pesca (Ceffa's-Seap/PR), Fundo das Nações Unidas para a Infância (Unicef), Instituto Regional da Pequena Agropecuária Apropriada (Irpaa), Ministério da Cultura (Minc), Ministério da Educação e Cultura (MEC), Ministério da Pesca e Aquicultura (MPA), Ministério do Desenvolvimento Agrário, Instituto Nacional de Colonização e Reforma Agrária e Programa Nacional de Educação na Reforma Agrária (MDA/Incra/Pronera), Ministério do Meio Ambiente (MMA), Ministério do Trabalho e Emprego (TEM), Movimento de Educação de Base (MEB), Movimento de Mulheres Camponesas (MMC), Movimento de Organização Comunitária (MOC), Movimento dos Atingidos por Barragens (MAB), Movimento dos Trabalhadores Sem Terra (MST), Organização das Nações Unidas para a Educação, a Ciência e a Cultura (Unesco), Pastoral da Juventude Rural (PJR), Rede de Educação do Semiárido Brasileiro (Resab), Serviço de Tecnologia Alternativa (Serta), Sindicato Nacional dos Docentes das Instituições de Ensino Superior (Andes), Sindicato Nacional dos Servidores Federais da Educação Básica, Profissional e Tecnológica (Sinasefe), União dos Dirigentes Municipais de Educação (Undime), União Nacional das Escolas Famílias Agrícolas do Brasil (Unefab), Universidade de Brasília (UNB).

A Educação do Campo surge na contraposição às propostas adotadas sob o nome de "Educação Rural". As políticas públicas advindas das propostas da Educação Rural foram instrumentos para a ocupação e o uso do território nacional em áreas de interesse para serem colonizadas no interior do País. Do ponto de vista pedagógico, as propostas da Educação Rural seguiam a orientação de adaptar os conteúdos das escolas urbanas ao contexto rural.

A Educação do Campo, entendida como direito nos marcos da equidade, o que inclui a justiça social e o reconhecimento das especificidades, rejeita a imposição de um modelo educacional e pedagógico que nega as culturas, os saberes e os modos de produção da vida das populações do campo.

Entre os princípios que orientam a proposta da Educação do Campo, estão:

- Superação dos antagonismos campo e cidade, compreendendo-os como contínuo com iguais valores no processo de produção humana, ou seja, concebidos a partir da diversidade cultural, mas também da igualdade social.
- Educação para a sustentabilidade econômica, política, ambiental e social e para a construção de sujeitos comprometidos com novas formas de sociabilidade de gênero, geracional e étnico-racial.
- Educação significativa para e construída com os sujeitos do campo.

Algumas implicações para as propostas pedagógicas que derivam dos princípios da Educação do Campo são:

Um rápido olhar para a história

No início do século XX, a educação no contexto agrícola ocorria pelos Patronatos Agrícolas e Aprendizados Agrícolas. Integrados ao projeto de urbanização e modernização da sociedade, passaram rapidamente a agir de maneira articulada às propostas de atenção à infância pobre, pela ideologia da educação pelo trabalho no campo. Entre os anos de 1930 e 1950, outros projetos para a educação rural serviram à mesma lógica assistencialista e de preparação de mão de obra, comprometida com uma política econômica voltada aos interesses das elites agrária e industrial. Em 1960, fortalece-se um discurso que pretende fazer da educação um mecanismo para políticas de "fixação" do homem no campo. Já em 1980, novos movimentos de luta camponesa pautam a educação como estratégia ao desenvolvimento do campo. A partir dos anos 1990, emerge a proposta de Educação do Campo, que se consolida em legislações e documentos oficiais.

Sobre propostas pedagógicas de Educação do Campo

Como alerta Roseli Caldart em *Por uma Educação do Campo*, organizado por Mônica Castagna Molina e Sônia Meire Santos Azevedo de Jesus (Brasília, DF: Articulação Nacional Por Uma Educação do Campo, 2004), na Educação do Campo há um forte vínculo entre o projeto educativo, o projeto político e o projeto social. Essas autoras, com outros pesquisadores, entre eles, Miguel Arroyo (UFMG), Bernardo Mançano Fernandes (Unesp Presidente Prudente), Luiz Carlos de Freitas (Unicamp), vêm elaborando as bases para a construção de propostas pedagógicas para a Educação do Campo.

Diretrizes Complementares, Normas e Princípios para o Desenvolvimento de Políticas Públicas de Atendimento da Educação Básica do Campo (Resolução nº 2, de 28 de abril de 2008)

Em seu artigo 4º, parágrafo único, estabelece que:

Quando se fizer necessária a adoção do transporte escolar, deve ser considerado o menor tempo possível no percurso residência-escola e a garantia de transporte das crianças do campo para o campo.

- A ênfase na construção cuidadosa dos processos de socialização e subjetivação no interior das instituições escolares.
- A não fragmentação do conhecimento trabalhado na instituição educacional em relação à vida concreta das crianças.
- O cuidado nos processos de formação de identidade pessoal na relação com as identidades coletivas.

A aprovação das Doebec instituiu, para o País, a Educação do Campo como paradigma para a Educação nos territórios rurais. Os princípios educacionais ali expostos buscam colaborar para a construção de uma identidade das escolas do campo pela vinculação à realidade, aos tempos e aos saberes dos estudantes e à memória coletiva da comunidade, articulada ao acesso aos conhecimentos científicos e tecnológicos disponíveis na sociedade e aos movimentos sociais.

Em relação à Educação Infantil, assim diz o parágrafo 2º do artigo 3º das Doebec (Resolução CNE/CEB nº 1/2002):

- Determina que o seu oferecimento, assim como a oferta do Ensino Fundamental, seja feito nas próprias comunidades.
- Proíbe o agrupamento de crianças da Educação Infantil em turmas do Ensino Fundamental.
- Orienta que sejam evitados processos de nucleação de escolas, provocada por fechamento de pequenas escolas e concentração de alunos em determinadas áreas e, consequentemente, de deslocamento das crianças.

O Parecer CNE/CEB nº 36/2001, que fundamenta as Doebec, apresenta questões importantes a serem consideradas no atendimento escolar das populações do campo. Primeiramente, reconhece e incorpora a diversidade de espaços do campo, como "... os espaços da floresta, da pecuária, das minas e da agricultura, mas os ultrapassa ao acolher em si os espaços pesqueiros, caiçaras, ribeirinhos e extrativistas". A realidade do campo é compreendida considerando a pluralidade do campo brasileiro em seus aspectos sociais, culturais, políticos, econômicos, de gênero, geração e etnia. Nessa consideração da realidade diversa do campo, as Diretrizes Operacionais orientam os sistemas de ensino a adotarem estratégias específicas na organização das escolas do campo. São abertas possibilidades de flexibilização do calendário escolar, inclusive a não coincidência entre o ano escolar e o ano civil.

No fortalecimento ao modelo de gestão adotado pela Lei de Diretrizes e Bases da Educação Nacional (LDB – Lei Federal nº 9.394/1996), a presença da comunidade e dos movimentos sociais e sindicais nos Conselhos de Escola é destacada como forma de garantir a gestão democrática das escolas do campo. A resolução ainda estabelece princípios que orientam a formação inicial e continuada para os(as) professores(as) das escolas do campo e também se pronuncia sobre questões relativas ao financiamento da Educação nessa modalidade.

Em 2008, para aprofundar o processo de formalização da Educação do Campo, foram aprovadas, no Conselho Nacional de Educação as Diretrizes

Complementares, Normas e Princípios para o Desenvolvimento de Políticas Públicas de Atendimento da Educação Básica do Campo (Resolução CNE/CEB nº 2/2008). Nessa resolução, foi definida a população do campo como: agricultores familiares, extrativistas, pescadores artesanais, ribeirinhos, assentados e acampados da reforma agrária, quilombolas, caiçaras, indígenas e outros, como os povos e comunidades tradicionais.

Indígenas e Educação Infantil

Os povos indígenas têm regulamentação própria no que se refere à Educação. Existem alguns povos que querem Educação Infantil e outros que, temendo o impacto nas suas culturas, rejeitam-na e reivindicam a educação da criança pequena no âmbito de suas práticas tradicionais. As Diretrizes Curriculares Nacionais para a Educação Infantil (Resolução CNE/CEB nº 5/2009) consideram a autonomia dos povos indígenas no parágrafo 2º do artigo 8º. Esse parágrafo diz o seguinte:

Garantida a autonomia dos povos indígenas na escolha dos modos de educação de suas crianças de zero a cinco anos de idade, as propostas pedagógicas para os povos que optarem pela Educação Infantil devem:

I – proporcionar uma relação viva com os conhecimentos, crenças, valores, concepções de mundo e as memórias de seu povo;

II – reafirmar a identidade étnica e a língua materna como elementos de constituição das crianças;

III – dar continuidade à educação tradicional oferecida na família e articular-se às práticas socioculturais de educação e cuidado coletivos da comunidade;

IV – adequar calendário, agrupamentos etários e organização de tempos, atividades e ambientes de modo a atender as demandas de cada povo indígena.

A educação indígena possui particularidades relevantes, o que a torna um capítulo à parte no cenário educacional, inclusive com legislações próprias. Assim, compreendemos que as questões da Educação Infantil indígena seguem essa complexidade do contexto indígena brasileiro e requerem olhares e interlocutores diferenciados, não podendo ser tratadas da mesma forma como outras populações rurais.

Ribeirinhos são povos com características tradicionais que moram próximos aos rios. Suas principais atividades são o extrativismo vegetal, principalmente a borracha, a pesca artesanal e o cultivo de pequenos roçados para a própria subsistência. Segundo a Biblioteca da Floresta do Estado do Acre, os povos ribeirinhos possuem uma forma de organização social onde o principal meio de transporte é fluvial. No entanto, a relação entre eles e os rios não se restringe à utilização como meio de locomoção. Fazem parte dessa rotina também o cultivo contínuo da região de várzea no período de seca, a pesca e os banhos de rio. Existem povos ribeirinhos em diversos Estados brasileiros, principalmente na Região Norte do País, na Floresta Amazônica, cada um com suas características e história próprias.

Comunidades de remanescentes de quilombos

Principalmente após a Constituição Federal de 1988, que em seu artigo 68 reconheceu o direito da propriedade das terras ocupadas pelos remanescentes de quilombos, intensificaram-se os debates em torno das definições sobre essas comunidades. Segundo o Instituto Nacional de Colonização e Reforma Agrária (Incra):

As comunidades quilombolas são grupos étnicos (predominantemente constituídos pela população negra rural ou urbana), que se autodefinem a partir das relações com a terra, o parentesco, o território, a ancestralidade, as tradições e práticas culturais próprias. Estima-se que em todo o País existam mais de três mil comunidades quilombolas.

Segundo o artigo 2º do Decreto nº 4.887, de 20 de novembro de 2003, as comunidades de remanescentes de quilombos passaram a ser legalmente caracterizadas como "os grupos étnico-raciais, segundo critérios de autoatribuição, com trajetória histórica própria, dotados de relações territoriais específicas, com presunção de ancestralidade negra relacionada com a resistência à opressão histórica sofrida".

Cada comunidade quilombola tem uma história de origem diferente, que compõe aspectos de sua organização. As comunidades quilombolas lutam por uma educação que contemple as contribuições da cultura afrodescendente.

Comunidades Caiçaras

De acordo com o Centro de Estudos Caiçaras (CEC), vinculado ao Núcleo de Apoio à Pesquisa sobre Populações Humanas em Áreas Úmidas Brasileiras (Nupaub-USP):

As comunidades Caiçaras são fruto da miscigenação entre os indígenas, colonizadores portugueses e negros, ocupando a área situada entre o sul do litoral paranaense e o sul do litoral fluminense. Essas comunidades têm um modo de vida particular que associa a pesca, a pequena agricultura, o artesanato e o extrativismo vegetal, tendo desenvolvido tecnologias patrimoniais, um conhecimento aprofundado sobre os ambientes em que vivem, danças e músicas, além de um vocabulário com inúmeras palavras de uso exclusivamente local.
(Disponível em: <http://www.usp.br/nupaub/cec.html>. Acesso em: 5 jan. 2012.)

Povos e comunidades tradicionais

Segundo o Decreto nº 6.040/2007 que institui a Política Nacional de Desenvolvimento Sustentável dos Povos e Comunidades Tradicionais, estes são definidos como: "grupos culturais diferenciados e que se reconhecem como tais, que possuem formas próprias de organização social, que ocupam e usam territórios e recursos naturais como condição para a sua reprodução cultural, social, religiosa, ancestral e econômica", utilizando conhecimentos, inovações e práticas gerados e transmitidos pela tradição. De acordo com aquele decreto, são parte dos povos e comunidades tradicionais: comunidades de fundo de pasto; comunidades de terreiro; comunidades remanescentes de quilombos; faxinais; geraizeiros; pantaneiros; pescadores artesanais; pomeranos; povos ciganos; povos indígenas; quebradeiras de coco-de-babaçu; retireiros; seringueiros. A questão ambiental e a dependência de recursos naturais é elemento forte nas relações entre a maioria desses povos e a terra.
(Disponível em: <http://www.mds.gov.br/sobreoministerio/orgaoscolegiados/orgaos-em-destaque/cnpct>. Acesso em: 5 jan. 2012.)

A Resolução CNE/CEB nº 2/2008 destaca a necessidade de oferecimento das condições materiais para a implantação das propostas pedagógicas e, dada a centralidade que o transporte intracampo e extracampo ocupa na Educação do Campo, a resolução destina grande parte de seu conteúdo para regulamentar esse tópico.

Em relação às questões pedagógicas propriamente ditas, as Resoluções CNE/CEB nº 1/2002 e CNE/CEB nº 2/2008 tentam garantir o cumprimento de suas proposições articulando a diversidade do campo e a autonomia das instituições com que regem as Diretrizes Curriculares de cada nível de ensino. Nesse processo, elas propõem uma relação a ser construída com as discussões curriculares na Educação Infantil.

As Diretrizes Curriculares Nacionais para a Educação Infantil (DCNEI) foram instituídas em 1999 (Resolução CNE/CEB nº 1/1999). Nelas são estabelecidos os princípios que devem orientar as propostas pedagógicas de todas as instituições brasileiras de Educação Infantil, sendo eles:

a) princípios éticos da autonomia, da responsabilidade, da solidariedade e do respeito ao bem comum;
b) princípios políticos dos direitos e deveres de cidadania, do exercício da criticidade e do respeito à ordem democrática;
c) princípios estéticos da sensibilidade, da criatividade, da ludicidade e da diversidade de manifestações artísticas e culturais.

Se por um lado podemos considerar que esses princípios dialogam com aqueles sustentados pela Educação do Campo, por outro, a aprovação da

BASES LEGAIS DA ORGANIZAÇÃO PEDAGÓGICA DA EDUCAÇÃO INFANTIL DO CAMPO

resolução que institui as primeiras DCNEI foi anterior aos processos de discussão promovidos em torno da aprovação das Doebec.

Do ponto de vista das concepções pedagógicas, foi somente no fim de 2009, com a revisão das DCNEI pelo Conselho Nacional de Educação (Resolução CNE/CEB nº 5/2009), que se viu a primeira regulamentação nacional que articula a Educação do Campo e a Educação Infantil no âmbito da discussão curricular. As DCNEI, com abrangência nacional, definem princípios e procedimentos nacionais para as propostas pedagógicas das instituições de Educação Infantil. Todos os seus artigos dizem respeito, portanto, a todas as instituições, públicas ou privadas, localizadas em territórios rurais ou urbanos. Ao mesmo tempo, abrem duas particularidades: para as populações do campo e para os povos indígenas. No artigo 8º, parágrafo 3º, das DCNEI, encontramos as especificidades da Educação Infantil para as crianças do campo de modo a garantir a igualdade com respeito à diversidade.

Igualdade no que se refere:

- Às condições materiais para uma educação de qualidade.
- Ao respeito à criança como sujeito histórico e de direito.
- Às possibilidades de experiências diversificadas que promovam a relação da criança de modo integrado com múltiplas linguagens, objetos e conhecimentos.
- À indissociabilidade entre o cuidar e o educar.
- Ao exercício dos direitos fundamentais e às condições para esse exercício.

O caráter deliberativo e mandatório das Diretrizes Curriculares Nacionais

As Diretrizes Curriculares Nacionais para a Educação Infantil foram fixadas pela Resolução nº 5, de 17 de dezembro de 2009, da Câmara de Educação Básica do Conselho Nacional de Educação (MEC). Resoluções como essa se constituem em documentos municipais, estaduais ou federais, aprovados em órgãos colegiados. Considerando o poder deliberativo desses colegiados, suas resoluções, quando aprovadas e divulgadas, caracterizam-se como marcos normativos a serem cumpridos integralmente, de acordo com a esfera de abrangência do conselho, municipal, estadual ou federal.

BASES LEGAIS DA ORGANIZAÇÃO PEDAGÓGICA DA EDUCAÇÃO INFANTIL DO CAMPO

- Ao acesso a recursos, histórias e saberes da sociedade e de seu grupo cultural.
- Ao direito de ter uma identidade positiva com seu grupo cultural e consigo mesma, não sofrendo processos de discriminação de qualquer ordem.
- Às interações significativas da criança com o conhecimento cotidiano, científico, tecnológico, artístico da sociedade e com os saberes do seu grupo cultural.
- Às relações entre adultos e crianças diferentes do modelo hegemônico de dominação do adulto sobre as crianças.
- À possibilidade de cada criança interagir com adultos diferentes do contexto familiar e com outras crianças.

Diversidade que reconhece que a qualidade da Educação Infantil depende das particularidades no seu oferecimento e deve garantir:

- Uma organização dos tempos e das atividades da instituição que respeite os tempos das famílias e das crianças.
- A valorização das experiências da criança na relação com a terra, os rios, a natureza, os tempos da produção, das águas e da estiagem.
- Inserção e integração das brincadeiras tradicionais, das histórias, das cantigas, da produção cultural da comunidade na proposta pedagógica da unidade educacional.
- Articulação da alimentação das crianças e dos projetos a ela relacionados no interior da instituição de Educação Infantil com a produção de alimentos provenientes da própria comunidade.
- Visão crítica de todo material pedagógico cuidando para que os conteúdos utilizados com e apresentados às crianças, sejam em imagens, sejam em textos, sejam

em músicas etc., não despertem sentidos relacionados à discriminação; ao contrário, que fomentem a autoestima positiva da criança do campo.

As DCNEI (Resolução CNE/CEB nº 5/2009) imprimiram, portanto, um marco legal histórico na Educação Infantil e no atendimento à criança do campo. Esse marco requer desdobramentos para as políticas e as práticas cotidianas com as crianças e, consequentemente, necessita ser acompanhado da produção de material didático que subsidie as creches/ pré-escolas e os municípios.

Com base nesses marcos e com experiências em diversas partes do País, a Educação Infantil do campo tem se configurado por diferentes matizes e diversas lutas, de comunidades múltiplas, caracterizando um contexto denso das populações do campo e comunidades tradicionais.

O fato de termos esses marcos legais atuais da Educação Infantil do campo e das questões recentes que estes impõem aos sistemas e aos(às) professores(as) não significa dizer que a educação para as crianças de zero a seis anos de idade e para a população do campo sejam completamente novas. Na verdade, as significações a elas atribuídas são recentes, construídas no embate entre concepções de mundo, de criança e de campo existentes em nossa sociedade atual.

Sempre houve formas predominantes de relação com a criança bem pequena, assim como com a população do campo no País. O que as questões recentes da Educação Infantil e da Educação do Campo introduziram foram novas formas de olhar para essas práticas e que estão pautadas:

BASES LEGAIS DA ORGANIZAÇÃO PEDAGÓGICA DA EDUCAÇÃO INFANTIL DO CAMPO

- no direito à Educação e à igualdade social;
- na crítica contundente a um modelo de sociedade e de desenvolvimento que se sustenta e se mantém, em uma de suas facetas, por um caráter fortemente urbanocêntrico e, em outra, intensamente adultocêntrico.

Assim, a Educação Infantil do campo vem sendo construída no diálogo e na contraposição a antigas práticas e concepções. Quando verificamos a história e o cenário das proposições da Educação Infantil e da Educação do Campo, elementos comuns emergem revelando uma estreita relação entre ambas, não na política pública em si, visto que esta ocorreu e ainda ocorre de modo fragmentado e separado, mas naquilo que as move, nas questões reivindicadas pelos movimentos sociais e sindicais que foram seus protagonistas e, inclusive, nos seus impactos. Dessa perspectiva, compreende-se que há fios que ligam a Educação Infantil e a Educação do Campo, produzidos na concretude das condições de existência e de oferta da educação das crianças do campo e nas significações em torno delas.

Atividade

Que tal discutirmos em grupo:

a) Em nosso Estado, quais são as deliberações do Conselho Estadual de Educação sobre a Educação do Campo e a Educação Infantil?

b) Em nosso município, há deliberações do Conselho Municipal de Educação sobre a Educação do Campo? Abordam a Educação Infantil? E as deliberações da Educação Infantil, elas consideram as crianças do campo?

c) As resoluções nos âmbitos estadual ou municipal apresentam aspectos tanto da política quanto pedagógicos da Educação Infantil do campo?

Se não existem deliberações, que tal propor uma reunião com o Conselho, convidando a comunidade para debater esse tema?

Leituras importantes

DIEGUES, Antonio Carlos (Org.). *Enciclopédia Caiçara*: festas, lendas e mitos caiçaras. São Paulo: Nupaub/CEC/Hucitec, 2006.

EDUCAÇÃO QUILOMBOLA: salto para o futuro. *TV Escola*, n. 10, jul. 2007. Disponível em: <http://tvbrasil.org.br/fotos/salto/series/105015Educacaoquilombola2.pdf>. Acesso em: 5 jan. 2012.

NÚCLEO DE APOIO À PESQUISA SOBRE POPULAÇÕES (Nupaub/USP). Disponível em: <http://www.usp.br/ nupaub/> (publicações e biblioteca virtual).

SANTOS, Clarice Aparecida dos (Org.). *Por uma Educação do Campo*: campo, políticas públicas, educação. Brasília, DF: Incra/Nead/MDA, 2008.

Capítulo III

O geral e o específico na Educação Infantil do campo

O geral e o específico na Educação Infantil do campo

1. Definindo as relações entre o geral e o específico

Imaginemos uma comunidade rural que começa a implantar uma creche/pré-escola nova. Algumas pessoas começam a discutir o que é bom para a aprendizagem das crianças pequenas: um lugar aconchegante, materiais que estimulem a construção gradual da autonomia, mas que ao mesmo tempo não coloquem em risco a segurança da criança, um quadro de profissionais estável e qualificado, o que ajuda a criança nos seus processos de construção de vínculos, alimentação balanceada. Enfim, questões que dizem respeito às condições gerais para uma proposta pedagógica que leve em conta particularidades e singularidades pessoais e coletivas dos bebês e das crianças pequenas.

Nesse exercício de imaginação, podemos supor que outras pessoas lembram que é importante conhecer e integrar na proposta pedagógica os saberes das famílias sobre práticas educativas, os costumes locais, as formas de organização da família, os ritmos daquela população e das crianças. Aquele grupo começa a perceber então que, embora seja importante considerar os conhecimentos gerais acumulados sobre as crianças pequenas, eles não dão conta das particularidades daquelas crianças específicas. Ou seja, o que é bom para os bebês e crianças pequenas daquela localidade, apesar de se relacionar com aquilo que pode ser bom para todas as crianças, não está totalmente dado por modelos predefinidos, formas padronizadas de organização da Educação Infantil ou pela simples cópia de experiências de outras realidades. Precisam estar em sintonia com as práticas culturais daquele contexto social.

Uma das principais questões que podemos nos fazer na discussão sobre a Educação Infantil do campo e na elaboração dos projetos pedagógicos diz respeito aos limites da relação entre o geral e o específico, ou seja, entre aquilo que deve ser igual para todas as crianças e aquilo que deve respeitar as peculiaridades e as diversidades do campo. Que aspectos da Educação Infantil necessitam ser oferecidos para as vivências de todos os meninos e meninas brasileiros de até seis anos de idade? Que aspectos são específicos para as crianças de determinada comunidade do campo ou para as crianças de um grupo social morador de uma cidade?

Tais questões nos desafiam e remetem a discussões sobre como considerar as diversidades e as especificidades dos contextos educacionais e, ao mesmo tempo, não tratá-las como partes desconexas de outras partes, mas sim considerá-las em relação a um conjunto maior, uma totalidade. Ou seja, aquelas questões nos instigam a pensar nas relações complexas entre unidade e diversidade.

Os campos e as cidades não são territórios isolados e independentes. Ao contrário, guardam relações de interdependência, de (des)continuidades históricas, políticas, econômicas e culturais. Assim se relacionam, de forma harmoniosa ou tensa cidades grandes, de médio e pequeno porte, a Floresta Amazônica, o campo do cerrado, o campo da caatinga, o campo da Mata Atlântica, o campo do Pantanal, o campo dos biomas em transição, o campo do agronegócio, dos trabalhadores assalariados. São presentes ainda o campo dos agricultores familiares, dos ribeirinhos e pescadores, dos extrativistas artesanais, dos quilombolas, dos povos e comunidades tradicionais.

Todos eles, campos e cidades, estão permeados por relações econômicas marcadas pelo modelo de desenvolvimento adotado no País. Todos eles são atravessados pelas mudanças que vêm ocorrendo na organização produtiva no campo e nas cidades, que geram relações complexas entre as diferentes cidades e os diferentes campos, compondo uma unidade. Como afirma Concepción Sánchez Quintanar, em seu livro *Psicología en ambiente rural* (2009), "campo e cidade, somos um país".

Além disso, há ainda outros atravessamentos comuns, provocados pelas novas tecnologias de comunicação e pela mídia. A TV, o computador, a internet, o celular dinamizaram os processos de troca entre populações e sujeitos. Por exemplo, a mercantilização dos diversos processos implicados na produção e reprodução da vida e nos relacionamentos humanos não escolhe território e sujeitos, embora crie categorias diferenciadas de acesso e de distribuição das produções humanas.

Vivemos em uma sociedade atravessada por processos globalizantes, que de certa forma criam forças homogeneizadoras. Somos todos afetados por esses processos que nos padronizam, ditam-nos valores, circunscrevem sociabilidades e subjetividades, constroem desejos e necessidades individuais e coletivas e nos recolocam na dimensão espaço/temporal da existência humana.

Esses processos atuam também como forças que buscam homogeneizar também as infâncias, interpeladas pelos apelos gerais de consumo, pelas possibilidades de contato e pelas mudanças provocadas nos tempos/espaços permitidas pelas novas tecnologias de comunicação e pelas mídias, pela mobilidade de lugar e as trocas sociais que desses fenômenos decorrem, enfim, por uma série de elementos que fortalecem a ideia e a percepção de que, muitas vezes, não são nítidas as fronteiras culturais.

Contraditória e simultaneamente, o mesmo processo que nos unifica e nos padroniza, que aproxima campos e cidades, assim como aproxima diferentes infâncias e gerações, também marca diferentes posições e possibilidades de vida. Ou seja, esses processos gerais são apropriados de modos singulares, dependentes das condições concretas, materiais e simbólicas que atravessam cada comunidade, localidade e sujeito. Eles também não são disponibilizados a todos em condições de igualdade.

A relação entre o geral, ou seja, aquilo que está presente tanto no campo como na cidade, e o específico, referente aos aspectos particulares a um ou outro contexto, afeta a constituição dos sujeitos concretos.

O GERAL E O ESPECÍFICO NA EDUCAÇÃO INFANTIL DO CAMPO

Ou seja, tal relação participa da constituição de cada pessoa, posicionada em seus contextos de desenvolvimento econômico, social e humano. Na vida das pessoas, por exemplo, ora acentuam-se situações de amplo alcance (como uma crise econômica), ora destacam-se situações mais particulares (por exemplo, as enchentes vivenciadas nas grandes cidades que ocasionam perdas materiais a uma determinada população). Essa relação entre os aspectos gerais e específicos também permeia e fundamenta a construção das infâncias desses campos e das cidades, caracterizando-as em relação aos aspectos semelhantes e, ao mesmo tempo, em relação às diferenças e singularidades que apresentam.

> **O conceito de mediação**
>
> Mediação pode ser compreendida, a partir da perspectiva histórico-cultural, como o conjunto de elementos (pessoas, objetos, territórios, histórias, entre outros) inseridos nas produções humanas de significados, que servem de intermediários entre o sujeito e o mundo, auxiliando-o a estabelecer relações de significação cultural e pessoal pertinentes. De acordo com Vigotski, o acesso da criança ao mundo da cultura depende, necessariamente, da mediação do outro.

Dessa forma, as crianças das áreas rurais estão submetidas às mediações materiais e simbólicas que também incidem sobre as crianças das cidades, assim como delas se diferenciam, particularmente em relação às dos grandes centros urbanos, por viverem também mediações próprias de seus grupos sociais. Há vivências similares e outras completamente inusitadas na perspectiva de um ou outro. A um só tempo, o processo unifica e fragmenta.

A sensação de semelhança, mas também de profunda diferença, em diversos aspectos, é vivida por nós sempre que nos deslocamos, por exemplo, de nossas universidades para as áreas rurais onde realizamos nossos projetos coletivos e compartilhados de formação de estudantes e de sujeitos do campo. Quando estamos falando da Educação Infantil do campo, a sensibilidade para essas questões é muito necessária, seja por parte das universidades na formação dos(as) professores(as), seja das instituições de Educação Infantil, atuando diretamente com as crianças e a comunidade.

Um caso relatado em uma de nossas pesquisas demonstra algumas particularidades com relação ao contexto em que vivem as crianças do campo e da cidade e ao modo como a escola aborda (ou não) tais diferenças e suas relações, transformando-as em processos de desigualdades e situações de injustiça.

> *[a professora da turma do quarto ano, que almoçava comigo e com as demais professoras] também comentou que havia uma questão no simulado do sistema estadual de avaliação do rendimento escolar com o seguinte enunciado: "Quando você volta da escola, você passa em frente ao supermercado, à farmácia"; e um dos meninos comentou: "Mas, professora, eu não passo em frente de nada disso".*
> (Diário de Campo da pesquisa de mestrado de Juliana Bezzon da Silva.)

A sensibilidade de a professora destacar esse episódio na conversa mantida conosco era para dizer que as próprias crianças questionam e resistem às formulações que querem avaliá-las pelo conhecimento do cotidiano e que desconsideram que esse cotidiano não é universal.

Muitas vezes é comum a visão de que os(as) professores(as) devem transmitir às crianças um conhecimento único como se fosse o válido, o verdadeiro. Essa perspectiva pode influir fortemente nas imagens sociais criadas em relação à criança das áreas rurais, como se não houvesse particularidade no modo de vida do campo, como se sua identidade fosse o que lhe faltasse, ou seja, o que ela não é ou não possui em comparação a uma criança ideal, universal. Esse processo influi ainda na escolha de materiais, nas atividades empreendidas com as crianças e nas avaliações dos processos educacionais. Tais olhares e as ações que os acompanham colocam as crianças do campo em situação de desigualdade para responder a avaliações padronizadas, cujas questões são muitas vezes distantes de suas vivências e descoladas dos sentidos que as orientam. Ao integrar ao trabalho pedagógico na creche/pré-escola o saber proveniente das vivências das crianças, o(a) professor(a) contribui para ampliar o conhecimento da criança na descoberta do mundo, assim como o próprio saber.

Além dos aspectos discutidos da relação entre o geral e o específico na educação das crianças do campo, quando pensado particularmente na Educação Infantil, temos de considerar as particularidades relativas à idade das crianças. A faixa etária atendida na Educação Infantil, que vai dos primeiros meses até os seis anos de idade, compreende um período de intensas e rápidas mudanças nas capacidades linguísticas, sociais, interacionais, afetivas, motoras, cognitivas, políticas, éticas e estéticas que ocorrem nas relações que são estabelecidas entre adultos e crianças e entre as próprias crianças. Essa faixa etária se caracteriza com especificidades e diversidades em relação às demais idades, porque exige, por exemplo, atenção especial no processo da apropriação pela criança dos modos como seu grupo social e cultural lida com os cuidados com o corpo e a saúde.

A Resolução nº 6/2010 do Conselho Nacional de Educação define as diretrizes operacionais para a matrícula no Ensino Fundamental e na Educação Infantil. A criança de seis anos, para o ingresso no Ensino Fundamental, deverá ter idade de seis anos completos até o dia 31 de março do ano em que ocorrer a matrícula. As crianças que completam seis anos após essa data devem ser matriculadas na pré-escola.

Por sua vez, o tempo de ingresso na creche/pré-escola, na participação da vida coletiva em espaço não familiar, requer uma mediação e a compreensão das lógicas internas que regem este novo ambiente. Ou seja, a criança precisa aprender as lógicas da creche/pré-escola, de seu funcionamento, de seu linguajar.

Assim, na construção da Educação Infantil do campo, as propostas pedagógicas precisam considerar:

- Os aspectos relativos ao acesso aos conhecimentos que fazem parte dos patrimônios culturais, artísticos, ambientais, científicos e tecnológicos da nossa sociedade e humanidade.
- O saber proveniente das experiências das crianças, de suas famílias e de seu grupo cultural.
- O contexto de desenvolvimento social, econômico e ambiental que marca a relação de contínuo entre campo e cidade.
- Os limites entre o geral e o específico a partir de uma perspectiva etária em virtude das características das crianças bem pequenas e, principalmente, o poder e o lugar que ocupam em nossa sociedade e que lhes queremos disponibilizar em nossas creches/pré-escolas.

As ideias até aqui discutidas da relação entre o geral e o específico na elaboração de uma proposta pedagógica da Educação Infantil do campo aparecem na figura seguinte. A partir dela, procuramos considerar que:

- A Educação Infantil faz parte do sistema de ensino como uma etapa da Educação Básica.

- A Educação do Campo é uma modalidade composta por um conjunto de propostas que atravessa todos os níveis de ensino.
- A Educação faz parte de um projeto de construção de sociedade e de sujeitos.

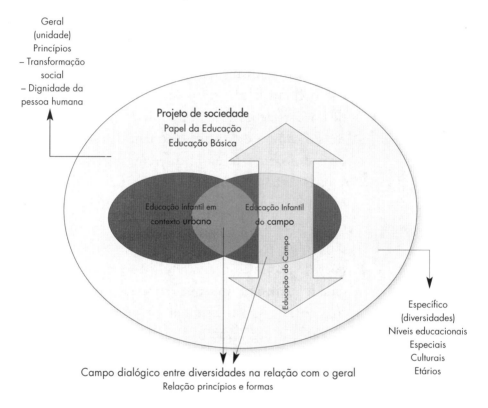

Em nossas propostas pedagógicas para a Educação Infantil do campo, precisamos considerar que o geral e o específico se dão em um movimento maior de construção de um projeto social. Nessa construção, a Educação apresenta um papel importante, porque ela atua, com outras instituições, no sentido de possibilitar que as novas gerações se apropriem dos conhecimentos e da cultura elaborados por gerações anteriores. Por meio das práticas educativas, entendidas como práticas sociais, a criança é inserida no mundo imediato e mais distante, local e global.

Os princípios básicos para esse projeto estão traduzidos nos artigos 1º e 3º da Constituição Federal de 1988 e se referem ao reconhecimento da dignidade da pessoa humana e à necessária transformação social. Eles inspiram as possibilidades de a Educação Infantil contribuir para a construção coletiva de novas relações humanas e novas concepções de sujeitos do campo e de sujeitos criança. Tal projeto social ocorre no embate entre diferentes interesses, grupos sociais, étnicos e culturais. No âmbito das práticas educativas institucionais, ele se traduz pelas formas como mediamos a apropriação de conhecimentos culturais. Por vezes, elas são atravessadas por relações de dominação dos adultos sobre as crianças, da cidade sobre o campo, que vão sendo impressas nas formas de tratar o conhecimento, as aprendizagens, as avaliações e a organização do trabalho pedagógico.

De que forma organizar práticas pedagógicas na Educação Infantil do campo considerando esse contexto? De que forma articular os princípios e as formas de ação que são gerais para todas as crianças com os princípios e formas que são específicos para as crianças do campo?

É necessário compreender que a complexidade das escolhas pedagógicas, pautadas no esforço em articular o que é geral ao que é específico na Educação Infantil do campo, tem relação com a concepção de cultura que adotamos. Como nos ensina

O geral e o específico na Educação Infantil do campo

o antropólogo e sociólogo francês Denys Cuche, em sua obra *A noção de cultura nas ciências sociais* (Edusc, 2010), as culturas particulares não são independentes ou autônomas. Acreditar nessa autonomia seria atribuir aos grupos particulares total capacidade de criação. Ao mesmo tempo, elas também não são dependentes. Assumir essa postura seria negar qualquer dinâmica própria e capacidade de criação das culturas particulares. Assim, no caso da Educação Infantil do campo, além de considerar aspectos gerais e específicos para todas as crianças de zero a seis anos de idade, esse entendimento nos ajuda a enxergar as relações entre as diferentes culturas particulares que compõem seu contexto: a dos campos e das cidades, das crianças e dos adultos, de gênero, de classe etc.

Seja de uma perspectiva do direito à igualdade, seja pelo reconhecimento mesmo de que existem elementos de semelhança que atravessam as diferentes infâncias, as infâncias e os adultos, os campos e as cidades, a Educação Infantil do campo necessita ser construída em um diálogo cuidadoso com aquilo que é geral para a educação de todas as crianças brasileiras.

Da mesma forma, seja pelo direito à diversidade, seja pela consideração mesma de processos particulares na (re)produção da cultura e na apropriação das formas simbólicas, a Educação Infantil do campo necessita buscar sua especificidade no diálogo também cuidadoso com os princípios advindos da educação das populações do campo e das comunidades tradicionais.

A construção da Educação Infantil do campo requer, portanto, movimentos de aproximação e diferenciação, tanto em direção ao acúmulo da Educação

Infantil como em direção ao acúmulo da educação das populações do campo, nos marcos das discussões mais amplas de Educação e de projeto de sociedade. Requer também que cada área esteja disposta à criação de um campo dialógico, o que necessariamente implica:

- reorganizar perspectivas e pontos de vista pessoais e institucionais;
- pautar e problematizar, a partir dos movimentos sociais e sindicais do campo e da infância, a questão da educação coletiva das crianças de zero a seis anos de idade do campo;
- repensar a organização política da Educação Infantil e da Educação do Campo nos sistemas nacional, estadual e municipal de Educação;
- reorganizar estratégias de formação de professores(as).

Atividades

1) Escreva uma experiência que auxilia na compreensão da relação entre os aspectos gerais e específicos da educação das crianças pequenas. Sugerimos que, se possível em grupo, cada um leia o caso que escreveu em voz alta e depois discutam as seguintes questões:

a) Que aspectos gerais compõem os casos apresentados?

b) Quais caracterizam os elementos específicos de cada contexto e/ou situação?

c) Existem diferenças entre os casos relatados relativos ao atendimento de bebês e aqueles referentes ao atendimento de crianças maiores?

2) Considerando as instituições de Educação Infantil, urbanas e rurais, do município:

a) Que elementos são gerais para as crianças?

b) Que elementos são específicos para as crianças do campo? E para as crianças da cidade?

c) O que é geral e o que é especifico para cada um dos seguintes itens: organização de espaços e tempos; usos de espaços internos e externos da instituição; atividades; materiais e brinquedos; calendário; formação de professores(as); interações com as crianças; relação com a família e a comunidade; locomoção das crianças; proposta pedagógica e currículo; financiamento; relação com outros setores (por exemplo, assistência, saúde, cultura); relação com movimentos sociais e sindicais?

Leituras importantes

FARIA, Ana Lúcia Goulart de. *Educação pré-escolar e cultura*: para uma pedagogia da Educação Infantil. São Paulo: Cortez Editora, 1999.

FELIPE, Eliana da Silva. Entre campo e cidade: infâncias e leituras entrecruzadas – um estudo no assentamento Palmares II, Estado do Pará. 2009. Tese (Doutorado). Universidade Estadual de Campinas, Campinas, 2009. Disponível em: <http://www.bibliotecadigital.unicamp.br/document/?code=000448961&fd=y>. Acesso em: 30 dez. 2011.

SANTOS, Franciele Soares dos. Educação do campo e educação urbana: aproximações e rupturas. *Educere et Educare*, Cascavel, v. 1, n. 1, 2006. Disponível em: <http://www.red-ler.org/educacao-campo-educacao-urbana.pdf>. Acesso em: 30 dez. 2011.

SILVA, Luzia A. de Paula. A educação da infância entre os trabalhadores rurais sem terra. *Pensar a Prática*, Goiânia, v. 5, 2001-2002. Disponível em: <http://www.revistas.ufg.br/index.php/fef/article/download/46/43>. Acesso em: 30 dez. 2011.

2. Os desafios da igualdade de oportunidades, da qualidade e da equidade

Construímos um consenso de que o direito à Educação é válido para todas as crianças. Contudo, nem sempre conseguimos identificar as injustiças em sua efetivação. Muitas vezes, no senso comum, acreditamos que o direito à Educação se efetiva com a conquista da vaga em creche, pré-escola ou escola. Mas do ponto de vista constitucional, tal direito necessita de mais elementos para se completar. É necessário que essa vaga seja ofertada com uma experiência educacional de qualidade. E aí a discussão se torna complexa, pois não é fácil definir o que seja qualidade, em especial quando juntamos nessa discussão o direito das crianças ao reconhecimento de suas singularidades e particularidades.

A discussão da qualidade aparece e ganha força na educação a partir da influência de concepções ditadas pelo mercado global, capitalista e excludente. Apesar disso, não podemos negar que as práticas que ocorrem no interior das creches e pré-escolas são delimitadas por condições que produzem qualidades diferenciadas de Educação Infantil.

Em nossa sociedade, a diferenciação entre os grupos e sujeitos mostra aspectos de desigualdade em relação à questão da qualidade do atendimento nas instituições de Educação Infantil. As crianças do campo, no que se refere às vagas, são as que têm o acesso mais dificultado. Estudos mostram que, quando ofertada, a vaga geralmente é distante de suas residências, fazendo que elas passem longo período dependente do transporte "intra" ou "extracampo" que, como muitos estudos apontam, realiza-se em condições bastante precárias, colocando às vezes a segurança das crianças em risco. Em vários estabelecimentos do campo, geralmente faltam bibliotecas, parques

> **Dificuldades relativas às distâncias**
>
> Muitos contextos rurais, como o pesquisado por Denise Rangel Miranda de Oliveira, em seu mestrado intitulado *A Educação Infantil na perspectiva da criança de contexto rural: questões para pensar a política de Educação do Campo em Juiz de Fora* (Universidade Católica de Petrópolis, 2009), são caracterizados por uma escola polo e salas anexas a outras escolas. No estudo de Denise, verificou-se que a distância geográfica entre a escola polo e suas salas anexas impedia a inter-relação estreita e cotidiana entre a equipe escolar. Ainda sobre as distâncias do campo, segundo a pesquisadora, a distância geográfica entre algumas casas da mesma comunidade se constitui como dificuldade para a interação entre as crianças.

Desigualdades educacionais entre campo e cidade

De acordo com o Panorama da Educação do Campo (MEC & Inep, 2007), dados de 2005 sobre as escolas de Ensino Fundamental do campo revelaram que apenas 6% possuíam biblioteca (em contraposição a 48% nas escolas da cidade), apenas 7,4% possuíam microcomputadores (sendo, nas da cidade, um percentual de 76%), 5,6% possuíam quadra de esportes (contra 54% de escolas da cidade) e 13% das escolas não possuíam sanitários (nas escolas da cidade, esse percentual é de apenas 0,5%). Com relação ao grau de formação dos(as) professores(as), os dados dessa publicação revelaram que entre as escolas de primeiros anos do Ensino Fundamental, as escolas urbanas possuíam 56,4% do quadro composto por profissionais com Ensino Superior completo. Nas escolas do campo, a grande maioria (75% dos[as] professores[as]) possui apenas o Ensino Médio completo, sendo ainda 3,4% deles formados apenas até o Ensino Fundamental.

Qualidade na Educação Infantil

O conceito de qualidade está intimamente relacionado com posicionamentos ideológicos e práticos. Segundo Miguel Zabalza, no livro *Qualidade em Educação Infantil* (Artmed, 1998), a qualidade atua como um elemento essencial em todas as dimensões do funcionamento de uma instituição de Educação Infantil. Em 2006, o Ministério da Educação publicou os Parâmetros Nacionais de Qualidade para a Educação Infantil, que apontam para os sistemas educacionais aspectos para a melhoria permanente da qualidade do atendimento às crianças. Em 2008, foram publicados os Indicadores de Qualidade na Educação Infantil, também pelo Ministério da Educação.

Equidade

O conceito de equidade relaciona-se ao conceito de justiça social e deve ser compreendido considerando-se as nuanças e as particularidades das necessidades subjetivas, sociais, históricas e culturais de cada pessoa e/ou grupo. Assim, não se trata apenas da igualdade, que nos remete a uma ideia de homogeneização dos direitos. O conceito de equidade propõe a compreensão de que, no caso da Educação Infantil, as crianças têm direito de serem atendidas em condições de igualdade de direito e de acordo com a diversidade dos modos de viver a infância, como crianças concretas e contextualizadas, que possuem diferentes vínculos com espaços urbanos e rurais e de pertencimento a grupos culturais.

infantis, sala de computação, banheiros e a água nem sempre vem das melhores fontes. Dados sobre a formação dos profissionais que neles trabalham, por sua vez, também apresentam piores resultados. Podemos dizer que essas condições configuram diferenças de qualidade da oferta da Educação Infantil.

Dadas as desigualdades já mencionadas, a Educação Infantil necessita problematizar o direito das crianças à creche e pré-escola considerando também uma reflexão acerca do princípio da equidade.

O entendimento de equidade aqui proposto incorpora os critérios de igualdade de oportunidades, de direitos e de justiça social. Na aplicação ou na construção de políticas públicas, ou mesmo no cotidiano das instituições, surgem situações de desigualdades e injustiças. Nesses casos, os princípios de qualidade que norteiam as ações devem considerar as particularidades de cada situação, considerando a história, as interações e os sujeitos envolvidos. Isso vale para todas as crianças e para toda a Educação Infantil. Vale também para aquelas dos territórios rurais e para a Educação Infantil do campo.

Se para a Educação Infantil de modo geral já temos minimamente parâmetros e indicadores de qualidade, no caso da Educação Infantil do campo esse desafio precisa ser enfrentado. O processo recente de visibilidade das experiências nos demonstra que um longo percurso será necessário para construirmos parâmetros e indicadores de qualidade que deem conta da diversidade do campo brasileiro e da Educação Infantil da criança pequena do campo.

O GERAL E O ESPECÍFICO NA EDUCAÇÃO INFANTIL DO CAMPO

Recentemente, em uma palestra que discutia a questão da desigualdade da oferta para as crianças do campo, uma secretária municipal de Educação testemunhou que, em seu município, às crianças do campo eram oferecidas as mesmas condições das crianças da cidade. Segundo ela, o município havia comprado computadores para todas as pré-escolas e disponibilizava igualmente recursos financeiros com autonomia de gastos. Essa igualdade também se relacionava ao parque infantil. Fotos foram mostradas para comprovar a preocupação genuína do município em não fazer diferença entre o que se oferece às crianças do campo e às da cidade. Os parques da pré-escola do campo eram realmente iguais aos da pré-escola da cidade. Bastante coloridos e feitos de material plástico. Entretanto, se muitas vezes esses parques já nos parecem bastante artificiais na cidade, na escola do campo, eles destoavam da própria estrutura da instituição, do ambiente da criança e do seu entorno. Será que é dessa igualdade que as crianças do campo precisam?

Esse caso passa-nos a impressão de que a qualidade deveria ser dada pela igualdade de acesso a materiais industrializados e padronizados e não por outras iniciativas de construção de equipamentos e brinquedos no parque a partir de recursos naturais, por exemplo. Esse caso demonstra que, na prática, não é tão fácil compreender os limites entre o geral e o específico.

Atividade

Leia o trecho seguinte:

"[...] o processo de realizar um diagnóstico sobre a qualidade de uma instituição de Educação Infantil precisa levar em consideração alguns aspectos importantes.

O primeiro deles diz respeito aos direitos humanos fundamentais, cuja formulação resultou de uma história de conquistas e superações de situações de opressão em todo o mundo. Esses direitos apresentam especificidades quando se aplicam às crianças e são reafirmados em nossa Constituição Federal e no Estatuto da Criança e do Adolescente (ECA).

Um segundo aspecto relevante, relacionado ao primeiro, é o reconhecimento e a valorização das diferenças de gênero, étnico-racial, religiosa, cultural e relativas a pessoas com deficiência.

Em terceiro lugar, é preciso fundamentar a concepção de qualidade na Educação em valores sociais mais amplos, como o respeito ao meio ambiente, o desenvolvimento de uma cultura de paz e a busca por relações humanas mais solidárias.

O quarto aspecto diz respeito à legislação educacional brasileira, que define as grandes finalidades da Educação e a forma de organização do sistema educacional, regulamentando essa política nos âmbitos federal, estadual e municipal.

Em quinto lugar, os conhecimentos científicos sobre o desenvolvimento infantil, a cultura da infância, as maneiras de cuidar e educar a criança pequena em ambientes coletivos e a formação dos profissionais de Educação Infantil são também pontos de partida importantes na definição de critérios de qualidade."

(Indicadores da Qualidade na Educação Infantil. Brasília, DF: MEC/SEB, 2009. p. 14.)

Agora, tente refletir sobre as seguintes questões:

a) De que forma a instituição de Educação Infantil do campo da qual você participa está atendendo a cada um dos aspectos descritos anteriormente?

b) Como o trabalho de gestão educacional e municipal pode colaborar para garantir que esses aspectos sejam considerados na avaliação da instituição, de maneira a contribuir para a promoção da qualidade? E o trabalho de professoras e professores no cotidiano educacional?

Leituras importantes

BONDIOLI, Anna; MANTOVANI, Susanna. *Manual de Educação Infantil*: de 0 a 3 anos. Porto Alegre: Artmed, 2003.

FUNDAÇÃO CARLOS CHAGAS. *Consulta sobre qualidade da Educação Infantil*: o que pensam e querem os sujeitos deste direito. São Paulo: Cortez Editora, 2006.

MINISTÉRIO DA EDUCAÇÃO/SECRETARIA DA EDUCAÇÃO BÁSICA. Indicadores da Qualidade na Educação Infantil. Brasília, DF: MEC/SEB, 2009. 64 p. (Inclui bibliografia). Disponível em: <http: www.mec.gov.br>. Acesso em: 30 dez. 2011.

ZABALZA, Miguel A. *Qualidade em Educação Infantil*. Tradução de Beatriz Affonso Neves. Porto Alegre: Artmed, 1998.

Capítulo **IV**

A AMBIÊNCIA DAS APRENDIZAGENS SIGNIFICATIVAS E DAS EXPERIÊNCIAS

A ambiência das aprendizagens significativas e das experiências

A organização do espaço e do tempo da Educação Infantil permite inúmeras criações e composições de atividades do(a) professor(a) com as crianças. Preparar a sala de referência das crianças refletindo sobre como elas utilizarão esse espaço, planejar a rotina considerando quem são as crianças que chegam para a creche/pré-escola, elaborar projetos para serem desenvolvidos considerando os saberes e as ânsias de conhecimento das crianças, bem como as experiências que são importantes para essa etapa da vida... Enfim, aos profissionais da Educação, cabe criar a Educação Infantil do campo por meio de propostas refletidas em torno de aprendizagens significativas. No entanto, nem sempre isso é tarefa fácil.

Currículo na Educação Infantil

O artigo 3º das Diretrizes Curriculares Nacionais para a Educação Infantil define currículo como: *Um conjunto de práticas que buscam articular as experiências e os saberes das crianças com os conhecimentos que fazem parte do patrimônio cultural, artístico, ambiental, científico e tecnológico, de modo a promover o desenvolvimento integral de crianças de zero a cinco anos de idade.*

Em 2010, durante visita a uma área de assentamento rural localizada em uma cidade no norte do Estado de Mato Grosso, fomos surpreendidas com uma escola situada no interior da floresta toda murada com tijolos que a separava da vegetação natural. Se tirássemos uma fotografia daquela escola, circunscrita às suas divisas físicas, ninguém diria que aquela era uma escola do campo, localizada em plena Floresta Amazônica. Em outro momento, conhecemos uma professora de pré-escola de Minas Gerais que, angustiada, buscava adaptar materiais para que, por meio de brincadeiras e considerando a realidade da criança, possibilitasse o contato e a vivência de atividades com a linguagem escrita. Para isso, a professora tentava priorizar palavras que faziam parte do universo rural da criança: no lugar de carro, carroça; para o "a", abóbora; para o "t", tomate; para o "p", plantação. Enfim, havia ali uma tentativa desesperada de colaborar para a aproximação da criança aos sentidos das palavras a partir de sua experiência de vida. Em outra pesquisa, foram observadas atividades em que professoras trabalhavam a linguagem matemática a partir do uso de folhas mimeografadas em que pediam à criança o preenchimento dos números relativos à quantidade de desenhos de frutas previamente dispostas na folha. Este caso ilustra o caráter da atividade e do modo como são realizadas as atividades diretamente relacionadas ao processo de escolarização, com cópia de modelos predefinidos e uso de papel e lápis na maioria das vezes. Embora se tratasse de uma atividade sobre os elementos do cotidiano das crianças, o processo estava vinculado de forma forçada ao contexto em que vivem.

Nessas experiências, somos questionadas por professores(as) e gestores(as), com questões do tipo: "Nossas estruturas físicas necessitam ser iguais às da cidade?"; "Nossa organização do tempo nos espaços deve seguir a mesma lógica das instituições cujas crianças não realizam grandes deslocamentos até a instituição educacional, e cujos espaços são pequenos e o contato com a natureza é reduzido?"; "Como fazer para que nossas tentativas de adequação não se tornem uma caricatura das formas pedagógicas urbanas, nem mesmo uma caricatura do que é a vida no campo?" A partir dessas reflexões, vamos abordar alguns dos elementos que podem integrar o processo de construção e de organização da Educação Infantil do campo, com características partilhadas com a Educação Infantil para todas as crianças, mas também com particularidades que precisam ser consideradas por apontarem a riqueza que o campo pode oferecer. São eles o lugar da criança no trabalho pedagógico, a organização de experiências integradoras, a organização de espaços, materiais e brinquedos, o manejo do tempo e as possibilidades de composição de turmas.

Tais elementos, presentes em toda proposta pedagógica, compõem um conjunto que caracteriza a ambiência dos processos de interação (criança-criança, adulto-criança, adulto-adulto) e fornece condições para as experiências das crianças, seus aprendizados e desenvolvimento integral. Contudo, no caso da Educação Infantil do campo, cabe-nos buscar as particularidades que eles adquirem. Também aspectos relativos ao transporte e ao seu impacto na organização do trabalho pedagógico precisam ser considerados quando se trata da Educação Infantil para as crianças do campo.

> **Ambiências de aprendizagens significativas**
>
> Segundo Maria Clotilde Rossetti-Ferreira, Maria Isabel Pedrosa e Ana M. A. Carvalho: *O meio humano é constituído pelo mundo físico e a ambiência humana, com seus participantes, as impressões, reações e representações de cada um, regras de comportamento, papéis, relações interpessoais, relações de poder, instituições e ideologias criadas pela sociedade humana.* (Trecho do livro *Aprendendo com as crianças de 0 a 6 anos de idade*, no prelo). Assim, as ambiências podem ser compreendidas como dinâmicas em que se consideram os processos de interação entre pessoas e entre elas e os modos de organização do tempo/espaço (objetos, iluminação, som, passagens etc.).

> Os direitos de participação compõem os chamados direitos de liberdade. Na história de conquista dos diretos das crianças e adolescentes eles são um dos últimos a serem incorporados.

> Na pesquisa de mestrado de Denise R. M. de Oliveira, buscou-se compreender o significado da escola, principalmente da Educação Infantil, para as crianças do campo. As escolas participantes da pesquisa possuíam como público atendido crianças e famílias oriundas de fazendas, sítios e granjas. A pesquisa retratou que as principais atividades cotidianas das crianças do contexto investigado eram as brincadeiras nos quintais ou dentro de casa, além do auxílio aos adultos na realização de tarefas domésticas ou relativas à ocupação dos pais, ou seja, aos trabalhos relacionados à vida no campo, por exemplo, o plantio para subsistência, criação de animais para fins alimentícios e/ou lucrativos, principalmente a pecuária leiteira.

1. A voz da criança do campo

Na atualidade, compreendemos as práticas da Educação Infantil na articulação entre as dimensões dos direitos de provisão, de proteção e de participação. Entretanto, muitas das vezes ficamos mais voltados a garantir os direitos de proteção e provisão, em detrimento do direito de participação. Atualmente, estamos sendo desafiados a implantar, no interior das creches/pré-escolas esses últimos direitos, o que requer revisão de posturas e práticas em relação às crianças de modo a permitir que a participação infantil seja tematizada e possibilitada nas práticas sociais vividas na Educação Infantil do campo.

Nos marcos do direito de participação, as ações dos adultos e das crianças são compreendidas como um processo de interação, de partilha de significações. Propõe-se a escuta dos bebês e das crianças pequenas, considerando-as como sujeitos que vivem em momentos históricos concretos e desempenham ações socialmente significativas.

Cada vez mais se acredita que as crianças podem nos dizer, mesmo as crianças pequenas e à sua maneira, o que pensam de suas infâncias e como gostariam que fosse sua experiência na Educação Infantil. Gestores(as), professores(as) e demais profissionais da escola do campo têm como primeira tarefa conhecer quem são as crianças do campo que estão matriculadas na creche/pré-escola, como elas vivem as suas infâncias no cotidiano familiar e em suas redes de relações, como poderão se desenvolver integralmente no espaço/tempo educacional, o que pensam sobre essa experiência e pesquisar que linguagens utilizam para comunicar sua opinião.

> A pesquisadora Eulene Vieira de Moraes conversou sobre infância com crianças de cinco a sete anos de idade residentes em um assentamento da Gleba Mercedes, município de Sinop (MT):
>
> A infância no campo é legal porque a gente toma banho de rio, anda de cavalo, trata das galinhas e ainda tem a comidinha feita no fogão a lenha. É uma delícia!
>
> Posso brincar de carrinho, estudar, prender bezerro e tirar leite, jogar bola, mas é melhor com o pai, né!
>
> Quem não tem infância não pode aprender nem brincar.
>
> O que mais gosto é de ir à noite caçar com meu pai e minha mãe. Tudo que fazemos é juntos, e isso é muito legal. Eu chego da escola, troco de roupa e assisto televisão.
>
> Eu brinco com a minha irmã, dou banho nela, enxugo ela (sic) e calço a chinela dela.
>
> Brinco muito sozinho porque meus amigos moram longe da minha casa e brinco em frente a minha casa, onde eu fiz um campo de futebol.
>
> Sabe, deve ser muito triste quando uma criança não tem tempo pra brincar, porque eu fico triste. Imagina quem não pode brincar quase nunca.
>
> É muito legal ser criança, porque a gente pode brincar de boneca, de casinha, brincar de pular corda.
>
> Mas tem um porém: a gente tem que aproveitar e brincar enquanto a gente é criança, mas quando jovem não vai dá porque tem que trabalhar.
>
> Infância para mim é trabalhar de enxada, foice, roçar mais meu pai e minha mãe e... só!
>
> A minha infância é legal, eu brinco, trabalho, saio para pescar, passear na cidade, racho lenha, ponho sal para o gado, aparto o bezerro, prendo bezerro e aprendi a tirar leite...
>
> Eu gostaria que as crianças tivessem o mesmo direito de brincar. »

Em uma das pesquisas de Liana Gonçalves Sodré, docente da Universidade do Estado da Bahia, apresentada no livro *Infância (in)visível* (Junqueira&Marin, 2007), a pesquisadora envolveu a participação das crianças de quatro a seis anos que não frequentavam instituição de Educação Infantil, pois as crianças da comunidade, moradoras de um acampamento, tinham a possibilidade de ir para a escola apenas a partir dos sete anos, já no Ensino Fundamental. Foram utilizadas como recursos desencadeadores a elaboração de desenhos e sua descrição. As crianças demonstraram, além do interesse geral por brinquedos, brincadeiras, parques e áreas externas, um elevado interesse pelas atividades ou materiais pedagógicos e por materiais de construção. Segundo a pesquisadora, essa questão pode ser analisada pelo fato de que, participando de um movimento social de luta pela terra, elas se preocupam com elementos essenciais para construções coletivas, como a escola. A autora finaliza seu texto afirmando a necessidade de se considerar o desenvolvimento da subjetividade das crianças atrelado à garantia de seus direitos sociais.

Pesquisa de conclusão de curso de Eulene Vieira de Moraes, intitulada *Retratos sociológicos das infâncias: no campo e na cidade olhares se encontram, vozes ressoam e vidas se entrelaçam* (Unemat, 2010).

> Às vezes, fico muito tempo no ônibus e quando chego em casa tenho serviço e chega a noite não dá mais pra brincar. As crianças não podem ser como pessoas grandes... para ser gente grande feliz, precisa ser criança feliz.

As vozes das crianças retratam os modos de viver as infâncias no contexto de um assentamento da reforma agrária do município de Sinop (MT). Não só nas falas é possível perceber as características do mundo rural em que vivem as crianças, mas também por meio dos desenhos que produzem.

Marcos e Emily, ambos aos sete anos, representaram esses ambientes conforme os desenhos seguintes:

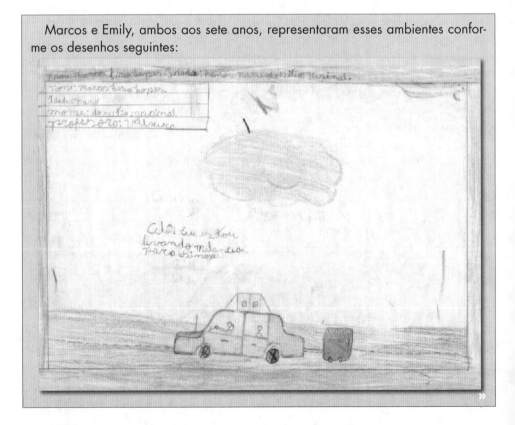

Os desenhos de Marcos e Emily se referem ao trabalho, ao campo como lugar de vida, como lugar da produção de alimentos e animais, como lugar de relação com a natureza. Ao falarem do campo, as ilustrações abordam também as relações entre o rural e o urbano e as diferenças ou continuidades nessa relação.

As brincadeiras e as atividades que compõem o cenário da vida familiar e da vizinhança identificam que situações as crianças visualizam, imaginam, concebem e vivem, traçando diversos ambientes que possibilitam o crescimento pessoal, familiar e social.

As crianças ouvidas em vários estudos descrevem as infâncias vividas no campo, os espaços sociais, naturais, geográficos e culturais que se apresentam a elas como lugares de sentido. As referências que fazem aos modos de ser e viver a cultura do campo expressam seu sentimento de pertencer a determinado contexto cultural.

> As falas das crianças moradoras de um assentamento rural mostram que as maneiras de viver as infâncias que se aproximam das realidades vividas por tantas outras crianças problematizam questões referentes ao trabalho precoce, mas também apresentam uma estética diferenciada relacionada ao rural que precisa ser conhecida pelos educadores para ser trabalhada pedagogicamente e por eles valorizada.
>
> *Ser criança é ser pequena, poder brincar e estudar e é muito legal andar de cavalo na garupa da vovó, brincar de bonecas, cortar os cabelos delas, lavar as roupinhas e ensinar as bonecas como se aprende na escola.* (Fala de Emily, na pesquisa de Eulene Vieira de Moraes.)
>
> Nesse trecho, podemos destacar alguns pressupostos epistemológicos (ensinar as bonecas como se aprende na escola), políticos (o direito de ser criança, de ter adultos cuidadores e provedores) e pedagógicos (brincar, participar, agir no seu mundo, estudar, estar na escola) necessários para garantir a qualidade educacional.

A imagem de uma criança universal é simultaneamente construída e desconstruída pelas próprias crianças nos contextos sociais e culturais, nas conversas e espaços coletivos. As vozes das crianças vão se compondo com as vozes de outros atores (familiares, educadores, gestores, pessoas da comunidade), apresentando os anseios, as angústias e as expectativas em torno das relações de aprendizagens que, cuidadosas, respeitam as múltiplas relações que compõem cada criança e implicam a Educação Infantil na construção de uma cidadania que considere o grupo geracional das crianças e reafirme sua condição de sujeitos sociais.

A escuta sensível e comprometida com as crianças só é possível se as colocarmos em um lugar de importância social. Na realidade da creche/pré-escola, essa relação de igualdade com as crianças é fundamental e desafiadora, pois inverte uma lógica "adultocêntrica" que privilegia os fazeres adultos em detrimento dos interesses da criança pequena e dos bebês. Essa escuta, na realidade educacional, tão importante na formação e no exercício da cidadania, pode ser realizada de diferentes maneiras e na observação de diferentes linguagens infantis, por exemplo: olhares, gestos, balbucios, narrativas, brincadeiras, dramatizações, sorrisos, choros, apetite, sono, garatujas, desenhos, falas e escritas.

Atividades

1) Propomos que seja feita uma reflexão sobre os instrumentos e procedimentos que temos utilizado na escuta dos bebês e das crianças pequenas. Vamos listá-los e utilizá-los em diferentes situações do cotidiano da criança na creche/pré-escola. Depois, podemos discutir:

a) Como foi utilizar as diferentes formas de observação e registro das manifestações e expressões das crianças sobre a creche/pré-escola e sobre suas infâncias, por meio de palavras, gestos, emoções e comportamentos?

b) Compare esses meios e destaque seus pontos positivos.

c) Que novidades trazem sobre as nossas formas de olhar para as crianças e sobre nossas práticas?

2) Como é a realidade das crianças atendidas por sua creche/pré-escola? Que características possui o meio rural onde fica a creche/pré-escola?

Sugerimos que, em grupos, desenvolvam portfólios sobre a realidade do campo em que se insere a escola. Posteriormente, eles poderão ser utilizados para apresentarem a realidade da escola que vocês trabalham em encontros com outras realidades escolares, inclusive das escolas urbanas do próprio município. Que tal?

Leituras importantes

COHN, Clarice. *Antropologia da criança*. Rio de Janeiro: Zahar, 2005. (Ciências Sociais Passo a Passo).

CORREIA, Luciana Oliveira. *Os filhos da luta pela terra*: as crianças do MST. 2004. Dissertação (Mestrado em Educação). Universidade Federal de Minas Gerais, Belo Horizonte, 2004. Disponível em: <http://www.bibliotecadigital.ufmg.br/dspace/bitstream/1843/HJPB-66NNC6/1/luciana_oliveira_correia.dissertacao.fae.ufmg.pdf>. Acesso em: 30 dez. 2011.

DALLARI, Dalmo; KORCZAK, Janusz. *O direito da criança ao respeito*. São Paulo: Summus, 1986.

FARIA, Ana Lúcia Goulart de; DEMARTINI, Zeila de Brito Fabri; PRADO, Patrícia Dias (Orgs.). *Por uma cultura da infância*: metodologias de pesquisa com crianças. Campinas: Autores Associados, 2009.

ROSSETTO, Edna Rodrigues Araújo. *Essa ciranda não é minha só, ela é de todos nós*: a educação das crianças sem terrinha no MST. 2009. Dissertação (Mestrado). Universidade Estadual de Campinas, Campinas, 2009.

VASCONCELLOS, Vera Maria Ramos de; SARMENTO, Manuel Jacinto (Orgs.). *Infância (in)visível*. Araraquara: Junqueira&Marin, 2007.

2. Experiências significativas, diversificadas e integradoras

A psicogênese da criança mostra, através da complexidade dos fatores e das funções, através da diversidade e da oposição das crises que a assinalam, uma espécie de unidade solidária, tanto em cada uma como entre todas elas. É contra a Natureza tratar a criança fragmentariamente. Em cada idade a criança constitui um conjunto indissociável e original. Na sucessão das suas idades, ela é um único e mesmo ser em curso de metamorfoses. Feita de contrastes e de conflitos, a sua unidade será por isso ainda mais susceptível de desenvolvimento e de novidade (WALLON, 2005, p. 215).

Iniciamos esse item com as palavras do médico e psicólogo francês Henri Wallon (1879-1962). O trecho fala da criança inteira. Geralmente, nas nossas instituições, temos dificuldade de compreender a criança dessa forma, em sua inteireza. A organização do trabalho docente e a necessidade de sistematizar as ações levam o(a) professor(a) a olhar a criança de modo fragmentado. Contudo, as experiências que

---

Henri Wallon e seu método

O psicólogo, médico e político Henri Wallon nasceu em Paris, em 15 de junho de 1879, e faleceu em 1º de dezembro de 1962, também em Paris. Seu objetivo como pesquisador era compreender a gênese dos processos psicológicos do ser humano a partir do materialismo dialético. Para isso, seu método consistia em estudar a criança por meio de análise comparativa entre ela e o adulto, entre o "normal" e o "deficiente", entre a neurologia e psicopatologia e a psicologia animal, e também entre sociedades diferentes. Essa análise era feita por: a) Observação de primeira mão e de outros psicólogos; b) Entrevistas com crianças, por exemplo. Ele compreendia os fenômenos do desenvolvimento humano de forma multidimensional, ou seja, considerando suas várias determinações (orgânicas, neurofisiológicas, sociais e as relações entre elas). Na sua obra, a pessoa aparece na articulação e integração de aspectos motores, cognitivos e afetivo-emocionais.

possibilitamos às crianças, mesmo que focadas em uma ou outra dimensão do desenvolvimento ou do conhecimento, têm sempre sua totalidade presente.

Wallon tem sido uma referência para compreendermos a criança em uma perspectiva que supera polarizações entre o biológico e o social; sociedade e indivíduo; cognição e emoção; movimento e pensamento; expressão corporal e verbal. Esse pensamento complexo, que busca entender as condições materiais do desenvolvimento da criança (tanto orgânicas como sociais), que compreende a criança como pessoa (conforme a idade atual), que incorpora as crises e conflitos nos processos de desenvolvimento, vem dialogando com as novas formulações e concepções presentes nos marcos e nos entendimentos predominantes da Educação Infantil atual.

Outro autor que nos ajuda a compor a ideia da vivência da criança de modo integral e integrado nas relações humanas é Jerome Bruner. Em seu livro *Atos de significação* (Edições 70, 1997), por meio da metáfora do teatro, convida-nos a pensar os processos pelos quais a criança insere-se no mundo. Para o autor, ao nascermos, tornamo-nos parte de uma grande peça em andamento. Nossos papéis, nossas ações, nossos entendimentos de nós mesmos, as possibilidades de narrarmos nossas experiências estão relacionados às possibilidades de atuar nessa peça, às negociações que se estabelecem entre os atores em cena, ao cenário e ao enredo. A criança aprende e negocia os papéis e os modos de ações que lhe são permitidos viver na família, na instituição educacional, nos espaços em que circula, por meio de

A AMBIÊNCIA DAS APRENDIZAGENS SIGNIFICATIVAS E DAS EXPERIÊNCIAS

experiências integradas, com a dramaticidade que cada cena vivida comporta.

Em especial, a Educação Infantil pode se constituir em um espaço valioso para a promoção da brincadeira como atividade que possibilita às crianças vivenciar situações de protagonismo, confronto e superação de papéis sociais. A brincadeira, como atividade principal das crianças na Educação Infantil, além das possibilidades de exercício da decisão e da habilidade de criação, permite a abertura para novas formas de relação, de apropriação e (re)produção de cultura.

OLIVEIRA, Zilma M. R. *Jogos de papéis: um olhar para as brincadeiras infantis*. São Paulo: Cortez Editora, 2011.

De acordo com Zilma de Moraes Ramos de Oliveira, as crianças assumem nas situações cotidianas um processo dinâmico de coordenação de papéis, ou seja, brincam de ser papai e mamãe, de ser vendedor, piloto de avião, caminhoneiro, médico, cozinheiro, cientista, professor etc. Nessa brincadeira com diferentes papéis, é necessária uma negociação dos sentidos atribuídos, quer seja imaginando uma vendinha e um comprador que a visita, ou um baile, ou ainda uma criança que vai assumir o papel de papai e a outra que assumirá o papel de filhinha. A partir da prática e do domínio de formas complexas de ação nessas brincadeiras de jogos de papéis, em que muitas vezes a maioria das condições e objetos são inventados, elas aprendem a atuar em situações por meio da memória, da afetividade, da imaginação etc.

Cada vez mais pesquisadores e a própria legislação vêm apontando que, na Educação Infantil, as formas de trabalho com os bebês e as crianças pequenas necessitam ser diferenciadas. As pesquisadoras Maria

A AMBIÊNCIA DAS APRENDIZAGENS SIGNIFICATIVAS E DAS EXPERIÊNCIAS

Carmen Silveira Barbosa e Maria da Graça Souza Horn, no livro *Projetos pedagógicos na Educação Infantil* (Artmed, 2008), esmiúçam uma alternativa em termos de organização do trabalho pedagógico às propostas que fracionam as experiências das crianças. As autoras propõem a metodologia de construção coletiva de "projetos pedagógicos" por meio de "comunidades de aprendizagem". Após uma revisão das compreensões acerca da temática "projetos", as autoras fornecem elementos para que os(as) professores(as) de Educação Infantil compreendam que os saberes e fazeres na Educação Infantil precisam aguçar o espírito científico das crianças, cujos relatos e documentações respeitam as linguagens gráficas de cada momento do desenvolvimento infantil.

> As Diretrizes Curriculares Nacionais para a Educação Infantil estabelecem os procedimentos para elaboração, desenvolvimento e acompanhamento das propostas pedagógicas das creches e pré-escolas brasileiras, orientadas por perspectivas integradoras.
> Nessa legislação, esses elementos aparecem nos artigos 8º e 9º e são tomados como pressupostos para o trabalho com os bebês e as crianças pequenas, cujos eixos norteadores da proposta curricular são as interações e a brincadeira.

Outras propostas compõem a organização de tempos e espaços que permitem escolhas das crianças, enfatizam os chamados centros de interesse da criança, organizam-se por meio de zonas temáticas, enfim, procuram superar uma organização centrada em disciplinas, como ocorre nos demais níveis de ensino. Essas formas estão, portanto, pautando novas concepções de criança, de Educação e de currículo para os bebês e as crianças pequenas.

Essa perspectiva da criança inteira nos leva também aos debates acerca do caráter indissociável do educar e do cuidar na Educação Infantil, ideia construída na contraposição às políticas públicas e práticas que promoviam a separação entre ações de cuidado (compreendidas como mais ligadas ao âmbito da assistência social) e ações de Educação (compreendidas como vinculadas ao sistema de ensino).

O binômio cuidado-Educação

Na prática, essas políticas produziam serviços e atendimentos distintos, refletindo, por exemplo, na contratação de profissionais diferentes para ações relativas à saúde, à alimentação, à higiene e ao autocuidado e para as ações ditas "pedagógicas". O bebê e a criança pequena foram vistos e tratados de forma fragmentada, e, muitas vezes, eram mais valorizadas ações geralmente identificadas como pertencentes ao âmbito da "Educação", preterindo-se aquelas identificadas como do âmbito do "cuidado". Esse modelo hoje está superado. Propõe-se Educação-cuidado como um binômio, algo inseparável, o que significa pensar que a Educação implica cuidado e o cuidado é, necessariamente, concebido como componente intrínseco ao processo educativo.

Na Educação Infantil do campo, as práticas de cuidado inscrevem-se no cuidado com a vida compreendido em uma dimensão amplificada. As práticas de cuidado de si podem ser articuladas organicamente aos cuidados com os recursos naturais, com as plantas e animais, tão próximos das crianças do campo. O acompanhamento dos processos de vida e de morte, dos ciclos biológicos, da produção característica do campo, do cotidiano de seu grupo cultural, dos modos de se vestir, modos de dormir, formas de cuidar de si, alimentar-se e festejar, vividos pelos bebês e crianças pequenas no seu dia a dia, transforma-se em elemento importante no processo intencional estabelecido por professoras e professores na mediação que propiciam às crianças e que lhes possibilita novos olhares sobre esse cotidiano, ampliando seus conhecimentos e seus vínculos afetivos e cognitivos consigo mesmas e com o mundo.

Como afirma o parecer CNE/CEB nº 20/2009 (p. 9-10): *As práticas envolvidas nos atos de alimentar-se, tomar banho, trocar fraldas e controlar os esfíncteres, na escolha do que vestir, na atenção aos riscos de adoecimento mais fácil nessa faixa etária, no âmbito da Educação Infantil, não são apenas práticas que respeitam o direito da criança de ser bem atendida nesses aspectos, como cumprimento do respeito à sua dignidade como pessoa humana. Elas são também práticas que respeitam e atendem ao direito da criança de apropriar-se, por meio de experiências corporais, dos modos estabelecidos culturalmente de alimentação e promoção de saúde, de relação com o próprio corpo e consigo mesma, mediada pelas professoras e professores, que intencionalmente planejam e cuidam da organização dessas práticas. A dimensão do cuidado, no seu caráter ético, é assim orientada pela perspectiva de promoção da qualidade e sustentabilidade da vida e pelo princípio do direito e da proteção integral da criança.*

O aspecto indissociável da prática educativa aparece também no entendimento de que a criança apreende e vive relações, situações e objetos com todas as dimensões que a integram, dimensões essas que, por vezes, nós separamos para fins didáticos ou por questões relativas a nossas concepções, sentimentos e imagens de criança, de desenvolvimento e de aprendizagem.

A criança está inteira em todos os momentos da instituição, aprendendo, elaborando hipóteses, sentindo e conhecendo o mundo com todo o seu corpo, com fantasia, imaginação, razão, criatividade e afetividade. As experiências diversificadas que lhes possibilitamos viver necessitam promover a relação da criança de modo integrado com múltiplas linguagens, objetos e conhecimentos.

Na Educação Infantil do campo, essa indivisibilidade pode acontecer por intervenções de professoras e professores que valorizam as falas, a curiosidade e ações para as espessuras, os cheiros, os sons, as cores, os gostos, os tamanhos, as sensações, as sombras, o ritmo da vida do campo (natural e simbólico). Também as danças, as histórias locais, as cantigas, as brincadeiras tradicionais, os contos, os meios de produção, os meios de transporte, as variações climáticas, os personagens locais, entre outros, compõem elementos de experiências diversificadas e de uma ambiência de aprendizagem significativa, concreta e com sentido encarnado na vida da criança bem pequena do campo.

Compostas por elementos da cultura geral, do País e do mundo, tais atividades fornecem às crianças instrumentos e possibilidades concretas de compreensão dos elementos que compõem as relações espaço/temporais, as relações sociais, familiares e pessoais, de seu grupo e de outros grupos culturais. As experiências integradas e significativas favorecem a relação de meninas e meninos do campo com o conhecimento cotidiano, científico, tecnológico, artístico da sociedade e do seu grupo cultural.

Outro aspecto que compõe o conjunto das experiências significativas refere-se ao reconhecimento das especificidades e singularidades que constituem a criança. É comum, quando estamos tratando da Educação Infantil do campo, ressaltarmos os aspectos relativos às diversidades culturais, econômicas e ligadas ao contínuo campo-cidade. Também é comum destacarmos as semelhanças e diferenciações materiais, simbólicas e identitárias de grupos sociais distintos, como quilombolas, caiçaras, extrativistas, pescadores artesanais, assentados e outros. Contudo, a essas diversidades somam-se outras que também necessitam ser levadas em conta na nossa prática pedagógica, em direção a uma Educação Infantil verdadeiramente democrática.

Essas diferenças dizem respeito à classe social, aos gêneros (menino ou menina), às especificidades etárias (bebês, crianças pré-escolares, crianças maiores) e às singularidades individuais, nas quais se inclui a discussão sobre as necessidades especiais. Também podemos destacar as especificidades étnico-raciais (afrodescendentes, principalmente).

As crianças pertencentes à faixa etária que vai até os seis anos de idade possuem habilidades, modos de se relacionar com objetos e com o ambiente natural, formas de pensar, de sentir e de se expressar variadas nesse período, que se modificam a partir de novas aquisições, nas interações que vivenciam com adultos e com crianças em espaços situados cultural e historicamente. As formas de cuidado e educação na família, na comunidade e na creche e pré-escola são também variadas, e exigem por vezes ênfases em determinados aspectos que vão reduzindo de importância ou ganhando novos contornos ao longo do tempo. Existem interesses individuais e coletivos, assim como necessidades afetivas, motoras, cognitivas e interativas que vão se modificando à medida que a criança age no mundo e que o mundo age sobre ela. Compreender esses elementos e acompanhar suas transformações significa ser sensível a uma educação que tem a criança, com suas características singulares, como sujeito privilegiado do processo educativo e formativo.

Esse entendimento passa pelo enfrentamento da acessibilidade e do poder de escolha de espaços, materiais, objetos, brinquedos e formas de relação e interação que permeiam as diferenciações que constituem as crianças. Compreendendo essas diferenças e também certas desigualdades, a organização dos tempos, das rotinas infantis e dos(as) professores(as) requer um questionamento reflexivo inicial e constante.

> Os horários e o tempo que despendemos para cada atividade são basicamente homogêneos ou existem possibilidades e flexibilidade a partir do reconhecimento dessas diferenças e singularidades coletivas e individuais? Nossas práticas são rígidas, exigindo que todas as crianças se envolvam de maneira semelhante e adequada à nossa conveniência, ou elas comportam, em uma »

> mesma programação, diferentes possibilidades de inserção, de expressividade e de envolvimento da criança? Construímos recursos e condições para observar esses diferentes tipos de envolvimento e construir uma programação que dê conta das diferenças e que supere as desigualdades? Que particularidades as crianças de diferentes idades apresentam quando estão no coletivo de criança? Que singularidades possuem as crianças que precisam de recursos diferenciados?

No que se refere às necessidades educacionais especiais, a Educação Infantil configura-se no primeiro espaço educacional em que as crianças podem ser observadas e acompanhadas nesse aspecto.

Para a pesquisadora Patrícia Correia de Paula Marcoccia, a interface entre a Educação especial e a Educação do Campo é uma temática que tem ganho espaço apenas recentemente na agenda nacional, principalmente a partir de 2008, com o estabelecimento de diretrizes complementares para a Educação do Campo e com a homologação do documento Política Nacional de Educação Especial na Perspectiva da Educação Inclusiva. Em sua pesquisa, professores(as) do campo relatam que as dificuldades de acesso e locomoção, tendo em vista as estradas precárias e a utilização de transporte escolar por longas distâncias sem adaptação, impossibilitam a permanência das crianças com essas necessidades nas instituições educacionais do campo.

Discutir a Educação especial no contexto da Educação do Campo, principalmente considerando as particularidades de desenvolvimento das crianças da Educação Infantil, permite maior visibilidade a esses sujeitos, que hoje sofrem na maioria das vezes processos

Esse conteúdo foi apresentado na pesquisa de mestrado de Patrícia Correia de Paula Marcoccia, intitulada Escolas públicas do campo: indagação sobre a Educação especial na perspectiva da inclusão educacional (Universidade Tuiuti do Paraná, 2011).

Interface Educação do Campo e Educação Especial

A interface da Educação Especial na educação indígena, do campo e quilombola deve assegurar que os recursos, serviços e atendimento educacional especializado estejam presentes nos projetos pedagógicos construídos com base nas diferenças socioculturais desses grupos (BRASIL: Ministério da Educação. Política Nacional de Educação Especial na Perspectiva da Educação Inclusiva, 2008. p. 17. Disponível em: <http://portal.mec.gov.br/arquivos/pdf/politicaeducespecial.pdf>. Acesso em: 5 jan. 2012).

Experiências na Educação Infantil

O Movimento de Mulheres Negras do Maranhão, que procurou na arte popular formas de fortalecimento e reconhecimento da identidade afro-brasileira, realiza um trabalho com a confecção das bonecas de pano *Abayomi*, feitas com retalhos e nós. Há quem diga que essa forma de confecioná-las era cultivada pelas mães africanas que, nos navios que traziam os escravos, rasgavam suas roupas e faziam bonecas de retalhos sem costura para as crianças. Na creche da Universidade de São Paulo de São Carlos, no interior de São Paulo, as professoras desenvolveram um projeto com as bonecas *Abayomi*, que incluiu oficinas de confecção de bonecas com professoras e com crianças, pesquisa sobre contos africanos, uma sequência de atividades com o livro *Menina bonita do laço de fita*, de Ana Maria Machado, a confecção de uma boneca negra bem grande, que acompanhava as atividades e que depois ficou na entrada da creche acolhendo as crianças e famílias.

de múltiplas exclusões. Pode-se considerar, por exemplo, que as dificuldades que caracterizam as incompletudes do atendimento às populações do campo são potencializadas quando se trata de crianças com necessidades educacionais especiais.

Outro elemento que precisamos levar em conta no bojo da Educação Infantil do campo e nas discussões sobre essas exclusões é a nossa raiz afrodescendente e a luta pelo seu reconhecimento, que tem repercutido em conquistas importantes do ponto de vista legal. A aprovação da Resolução nº 1, de 17 de junho de 2004, que institui Diretrizes Curriculares Nacionais para a Educação das Relações Étnico-Raciais e para o Ensino de História e Cultura Afro-Brasileira e Africana e a aprovação da Lei nº 10.639, de 9 de janeiro de 2003, que inclui no currículo oficial da Rede de Ensino a obrigatoriedade da temática "História e Cultura Afro-Brasileira", são nossos maiores exemplos recentes nessa direção.

A Educação Infantil é desafiada com essa temática. Os princípios ali colocados devem ser traduzidos de forma diferente de como é feito nas demais etapas da Educação. Não se trata de ensinar conteúdos, mas de promover a imersão da criança em histórias, músicas, poesia, literatura, ritmos, danças, hábitos alimentares e vestimentas, ornamentos e produções artístico-culturais afrodescendentes para integrar, nos projetos pedagógicos, essas manifestações no cotidiano da criança.

Essa valorização permite que a creche e a pré-escola tomem para si a tarefa de colaborar para que os meninos e meninas enfrentem as tensões presentes nos processos de construção de si mesmos e de construção do outro, permeados desde as origens por movimentos não discriminatórios de diferenciação e identificação pessoal e coletiva.

Para o psicólogo russo Lev Vigotski, a constituição da pessoa se dá "como membro de um grupo social definido". A pessoa, sua personalidade, é "o conjunto de relações sociais, encarnado no indivíduo" (Manuscrito de 1929, publicado em *Educação e sociedade*, n. 71, p. 33). E, assim como as relações sociais são tensas, também é tenso o processo de construção pessoal, vivido intensamente pelas crianças de zero a seis anos de idade, com os episódios de choros, birras, medos, agressividade e outros.

Relações sociais são marcadas por processos hegemônicos de dominação de classe (ricos sobre pobres), de gênero (homens sobre mulheres), de lugar (urbano sobre rural), étnica (brancos sobre negros) ou etária (adultos sobre crianças). Assim, um ambiente educacional que pretende colaborar para o estabelecimento de relações sociais mais justas e mais respeitosas, no sentido da aceitação do outro como legítimo, necessita estar atento às formas como os processos de dominação vigentes na sociedade mais ampla são reproduzidos na relação educativa com os bebês e as crianças maiores.

Ter conhecimento desse processo implica necessariamente professoras e professores, creches/pré-escolas envolvidos com o compromisso ético de transformação da sociedade e dos modos de relações sociais historicamente construídos, e com o necessário cuidado com a criança em relação aos seus processos

Igualdade racial

Em 2011, foi publicado pelo Centro de Estudos das Relações de Trabalho e Desigualdade o livro *Práticas pedagógicas para a igualdade racial na Educação Infantil*, organizado por Hélio Silva Júnior e Maria Aparecida Silva Bento. O texto é fruto de um trabalho de cooperação técnica estabelecida entre o Ministério da Educação (MEC), a UFSCar, o Ceert e o Unicef.

Sobre Vigotski

Lev Semionovitch Vigotski nasceu em 17 de novembro de 1896, na cidade de Orsha, na Bielorrússia, e faleceu em 11 de junho de 1934, em Moscou. Segundo ele, as ciências psicológicas estavam sofrendo na época uma grande crise, entre a concepção natural e a concepção idealista de ser humano. Ele propunha a superação desta crise pela construção de uma nova Psicologia, no que seria a Psicologia Concreta do Homem, construída a partir do materialismo histórico e dialético e cujo principal objeto de estudo seria a análise psicológica da atividade prática do homem mediada por sistemas simbólicos.

de construção de sua identidade. É nessa direção que caminha o reconhecimento das diversas singularidades dos bebês e crianças pequenas em creche e pré-escola.

> Que contextos, situações, objetos e projetos nós possibilitamos para que sejam questionadas as relações de dominação e suas construções históricas? Qual o peso dessas contribuições no conjunto de nosso trabalho? Afinal, quando falamos desses processos, não estamos aqui falando de construção de sujeitos? Que subjetividades nós queremos construir na Educação Infantil do campo? Nossas práticas contribuem para que os bebês e as crianças pequenas construam suas identidades pessoais e grupais na continuidade ou na ruptura com os modos possíveis de ser, disponibilizados na nossa sociedade e em nossos grupos culturais? Que esforços nós temos feito para valorizar as características individuais e coletivas das crianças?

Nas Diretrizes Curriculares Nacionais para a Educação Infantil (Resolução CNE/CEB nº 5/2009), o cuidado com as singularidades foi expandido com a inclusão de particularidades culturais relacionadas a outros povos, como indígenas, asiáticos e de outros países da América Latina. As Diretrizes parecem indicar que o acesso ao conhecimento a partir do cotidiano e do local seja compreendido como uma relação da construção da identidade no diálogo, confrontação e (re)conhecimento de outros grupos e identidades culturais.

Atividades

1) Analisem a estrutura e o orçamento da escola em que trabalham ou das escolas do campo de seu município, comparando-a(s) à estrutura das escolas da cidade.

a) As diferenças respeitam as diversidades entre campo e cidade?
b) Ou ao contrário, as diferenças refletem situação de desigualdade em que a escola localizada no campo recebe menos recursos ou recursos inferiores?
c) Existem estratégias políticas para a valorização das escolas do campo?

2) Olhando agora para nossas crianças:
a) Sabemos se elas sofrem algum tipo de preconceito ou humilhação?
b) Que iniciativas temos tido para enfrentar essa situação ou evitar que o preconceito se instaure?
c) Que iniciativas temos tido para valorizar o grupo cultural da criança e criar condições para que ela construa uma boa autoestima, de si e do seu grupo? Como articulamos o trabalho relativo à construção das identidades locais com aquelas identidades gerais da criança?

Leituras importantes

ARROYO, Miguel G. Que Educação Básica para os povos do campo? In: Seminário Nacional Educação Básica nas Áreas de Reforma Agrária do MST, 2005, Luziânia. Transcrição revista pelo autor. Disponível em: <http://www.nre.seed.pr.gov.br/cascavel/arquivos/File/Que_educacao_basica_para_os_povos_do_campo.pdf>. Acesso em: 5 jan 2012.

AUED, Bernardete Wrublevski; VENDRAMINI, Célia Regina (Orgs.). *Educação do campo*: desafios teóricos e práticos. Florianópolis: Insular, 2009.

BARBOSA, Maria Carmen Silveira; HORN, Maria da Graça Souza. *Projetos pedagógicos na Educação Infantil*. Porto Alegre: Artmed, 2008.

CALDART, Roseli Salete. Elementos para construção do projeto político-pedagógico da Educação do Campo. In: MOLINA, Mônica C.; JESUS, Sônia Meire A. de. (Orgs). *Contribuições para a construção de um projeto de Educação do Campo*. Brasília, DF: Articulação Nacional Por uma Educação do Campo, 2004. v. 5. (Por Uma Educação do Campo).

SOUZA, Gizele de (Org.). *A criança em perspectiva*: olhares do mundo sobre o tempo infância. São Paulo: Cortez Editora, 2007.

WALLON, Henri. *A evolução psicológica da criança*. São Paulo: Martins Fontes, 2005. p. 215.

3. Os espaços, os materiais e os brinquedos

Se nos perguntássemos quais são as formas predominantes de organização de espaços e materiais na Educação Infantil, no Ensino Fundamental, na Educação de Jovens e Adultos e no Ensino Superior, a resposta seria muito parecida, independentemente da etapa, e dada pela forte influência do formato de escola tradicional: sala de "aula", lousa, carteiras, predominância de papel e lápis como recursos e materiais didáticos. Sobre a distribuição das atividades no tempo e no espaço, a predominância provavelmente seria dada pelo uso das áreas internas,

> Nos centros urbanos, existem pesquisas que demonstram essa tendência na Educação Infantil, por exemplo, no estudo de Marina Bordenale Casari, intitulado *Caracterização de espaços externos em creches municipais* (Faculdade de Filosofia, Ciências e Letras de Ribeirão Preto, 2006).

em detrimento de atividades em áreas externas e na atitude disciplinar do corpo das crianças à espera das proposições dos adultos.

O que explicaria uma cultura tão forte que acredita que essas formas sejam igualmente eficientes independentemente do nível de ensino e das idades dos sujeitos da Educação? Por que concentrar nossas ações, a maior parte do tempo, em salas de aula? Seria a atenção a uma necessidade da criança ou do adulto? Uma concepção de infância que necessita de controle? Uma concepção de aprendizagem pela via da cognição e abstração? Priorização no uso de recursos e instrumentos pedagógicos que requerem disciplina corporal? A impossibilidade de garantir números adequados de crianças em relação aos adultos professores(as)? A pressão por resultados advinda de parâmetros e avaliações externas?

> *Juliana: Onde que é essa rua aí?*
> *Lucas: Hmm... escola.*
> *Juliana: Hmm?*
> *Lucas: Lá na escola. O parquinho da escola.*
> *Juliana: Ah! Aquela que passa em frente?*
> *Lucas: O carro tá passando aí.*
> *Juliana: Ahn... E onde que você tá aí nesse desenho?*
> *Lucas: Na minha sala. Não aparece eu.*
>
> (Diálogo estabelecido com uma criança de cinco anos moradora de um assentamento rural)
>
> Esse trecho, extraído de uma conversa no contexto da pesquisa de mestrado de Juliana Bezzon da Silva, é utilizado para problematizarmos aqui, por meio da voz da criança, a organização, a estrutura e o uso dos espaços e materiais na Educação Infantil do campo. A conversa era sobre um desenho feito pela criança acerca de sua pré-escola, cuja sala fica vinculada a uma escola de Ensino Fundamental. A criança desenha o mundo fora da sala, desenha o parquinho, desenha a rua, o carro que passa na rua. E, quando perguntada sobre si mesma, ela se coloca dentro da sala, escondida, fora daquilo que para ela lhe parece mais significativo no momento.

Estudos de Ilma Machado, Fabiana Lima e Claudemiro Nascimento apresentam dados sobre a descaracterização da Educação Infantil como espaço de desenvolvimento integral da criança. Eles relatam que as propostas de Educação Infantil para as escolas do campo têm adotado costumeiramente o modelo pautado na preparação para a alfabetização, configurando-se como espaços/tempos muito parecidos com os espaços do Ensino Fundamental, em que apenas os aspectos cognitivos são priorizados nos processos de aprendizagem.

Se a concentração das crianças em atividades feitas basicamente em salas de aula já poderia ser questionável em outros níveis de Educação, na Educação Infantil, essa atitude é ainda mais preocupante. Por que priorizar salas de referência fechadas, frias e escuras? Por que priorizar espaços com poucas e altas janelas, impedindo a ventilação e a entrada do sol? Por que os materiais, os livros e os brinquedos são guardados em lugares de acesso apenas para o(a) professor(a)?

Na Educação Infantil do campo, essas práticas aparecem de modo estranho. Os espaços fechados, se por um lado podem significar proteção de sol intenso, de chuva, de insetos e bichos, também podem se tornar ambientes bastante antagônicos tanto às áreas externas da própria escola como ao entorno desta. O campo, muitas vezes é caracterizado pelo calor, pela claridade do sol e pela riqueza de cores da vegetação. Há três elementos que nos ajudam a questionar essa maneira corriqueira de fazer a Educação Infantil:

- a importância do movimento para o desenvolvimento da criança;
- a relação com a vida concreta;
- o acesso aos recursos naturais disponíveis.

O movimento e a emoção são as bases da construção do pensamento. Essa afirmação, feita ao longo dos escritos de Wallon, atribui à expressividade humana papel central no processo de desenvolvimento. O que isso quer dizer? Que os sujeitos necessitam exercer sua expressividade no mundo,

A AMBIÊNCIA DAS APRENDIZAGENS SIGNIFICATIVAS E DAS EXPERIÊNCIAS

como sujeitos, para se desenvolverem. Por meio do movimento, a criança sente o próprio corpo, percebe os limites do corpo no espaço, regula suas ações e sensações, influencia nas interpretações do adulto sobre seus gestos, delimita o seu corpo e o diferencia dos objetos e das demais pessoas, constrói um eu na relação com outros corpos e objetos, constrói as bases para uma compreensão racional e um sentido para suas emoções e percepções.

Por meio do corpo, a criança pequena narra o mundo, relata experiências, revive situações e encena para o outro a situação vivida, reconta por meio de um ato todo o conjunto de imagens que a situação possuía, entra em (des)conformidade mútua com parceiros de interação, imita, constrói a ponte entre a vida que acontece e a representação mental da vida, a interiorização dos atos no mundo, organiza planos da experiência. Como afirma Wallon no livro *Psicologia e educação da infância* (1975, p. 368), o "ato representa uma conquista do ser sobre o meio [...] realça o passado e define o futuro". No caso dos bebês, "o movimento é o que pode dar testemunho da vida psíquica e traduzi-la completamente, pelo menos até ao momento em que aparece a palavra" (p. 75).

Desse entendimento decorrem implicações para a organização de espaços, para a disponibilização de materiais para os bebês e as crianças pequenas, para a distribuição das atividades no tempo e no espaço. Esse entendimento extrapola compreensões corriqueiras que: fracionam e classificam atividades e inserem o movimento em uma hora específica, concebem-no como um conteúdo do currículo ou o veem como uma área do desenvolvimento a ser trabalhado em jogos e atividades entendidos quase como treinos motores.

A proposta de Wallon é fazer do movimento um dos argumentos centrais para a organização dos espaços, tempos e atividades com os bebês e as crianças pequenas. É criar condições para que, em cada situação, seja garantida a expressividade motora (e com ela a afetiva) da criança para garantir também sua expressividade em termos de pensamento. É compreender que a criança aprende com o corpo sempre, em qualquer momento do dia, em qualquer situação. Inspiradas no autor podemos dizer que, geralmente, na Educação Infantil, priorizamos meios que guiam o processo educativo pautado na exigência de atenção puramente verbal da criança. Ele nos alerta:

> *Invocar esta atenção é exigir da criança um esforço abstracto que a cansa excessivamente, e a maior parte das vezes só a inibe, conduzindo mesmo, por vezes, ao desenvolvimento nela, em relação a certas matérias de ensino ou em presença de certos professores, de uma espécie de torpor reflexo, um reflexo de defesa, como existe no animal e na criança, quando a situação é um obstáculo à sua actividade usual ou espontânea. [...] A grande dificuldade e o paradoxo do ensino é ter de desviar a criança de sua experiência imediata e espontânea para se interessar por aquilo que não se relaciona directamente com suas necessidades ou desejos actuais. [...] O principal estímulo da atenção é o interesse. Suscitá-lo deve ser, evidentemente, o objectivo essencial do educador [...] O interesse existe apenas no proveito, liga-se à livre interação de todas as funções, exprime-se na actividade e na curiosidade espontânea da criança. É preciso utilizá-las, suscitá-las, alimentá-las, em lugar de reprimi-las* (p. 369-79).

A AMBIÊNCIA DAS APRENDIZAGENS SIGNIFICATIVAS E DAS EXPERIÊNCIAS

Confinar as crianças a maior parte do tempo em espaços fechados, nessa perspectiva, significa não apenas limitar seus movimentos, mas também e, consequentemente, limitar sua expressividade como sujeito e limitar suas possibilidades de construção e expressividade do pensamento e da emoção.

O uso das áreas externas da instituição educacional pode caminhar em uma lógica diferente de apropriação do mundo pela criança por meio de seu corpo, uma lógica diferente para o enfrentamento da "ditadura postural" presente em muitas instituições de Educação Infantil e considerada como responsável pelo aparecimento de conflitos e pelo desrespeito ao controle voluntário da criança sobre suas ações.

Assim, pensar a Educação Infantil é pensar possibilidades de proporcionar espaços e atividades para que os bebês e as crianças pequenas possam utilizar movimentos e deslocamentos amplos na instituição, em áreas internas e externas. Que eles se sintam integrados, apropriem-se do espaço e façam deles seus territórios de cidadania.

Voltemos agora nosso olhar para a criança do campo. Ao considerarmos os bebês e as crianças pequenas das áreas rurais, nos mais variados contextos em que vivem, percebemos que seus cotidianos são marcados pela experimentação de amplos espaços abertos, com certa liberdade de deslocamento. Elas brincam de balançar em suas casas, em balanços construídos por seus pais com uma tábua e cordas penduradas em um bom galho de uma das árvores ao redor da casa. Balançam em redes. Quando se cansam de balançar, brincam de faz de conta na

Direito a movimentos e espaços amplos

No artigo 8º, parágrafo 1º, inciso VI das Diretrizes Curriculares Nacionais para a Educação Infantil, entre os itens que necessitam ser garantidos na organização de materiais, espaços e tempos a fim de que a Educação Infantil cumpra seus objetivos, elencam-se "os deslocamentos e os movimentos amplos das crianças nos espaços internos e externos às salas de referência das turmas e à instituição".

"Ditadura postural"

Esse termo, que qualifica práticas de Educação como ditadura postural, é lembrado na obra *Henri Wallon: uma concepção dialética do desenvolvimento infantil* (Vozes, 1995), escrita pela pedagoga Izabel Galvão.

No projeto de mestrado de Marcella Oliveira Araújo, denominado *O cotidiano de crianças de 0 a 3 anos de uma comunidade rural: significações e práticas familiares*, tem-se verificado uma grande mobilidade das crianças dessa faixa etária, assim como ampliação de parceiros de interação. Desenvolvido em um assentamento ligado a movimentos de lutas pela reforma agrária, os bebês são levados a várias atividades coletivas e participam das reuniões de cooperativas e de reivindicações da comunidade com as lideranças políticas locais.

A AMBIÊNCIA DAS APRENDIZAGENS SIGNIFICATIVAS E DAS EXPERIÊNCIAS

"casinha", um pé de maracujá que forma uma aconchegante e pequena área coberta. Essas cenas são exemplos de situações vividas no contexto familiar e na comunidade.

> Se essa é uma realidade das crianças, quando estão na creche ou pré-escola, como fazer para que sejam valorizadas e respeitadas? Como integrar o entorno e o interior da instituição de Educação Infantil?

Perspectiva histórico-cultural

Essa concepção parte das contribuições da psicologia russa e tem como expoente Lev Vigotski cuja elaboração teórica sustenta que os processos psicológicos constituem-se a partir das condições materiais e sociais de existência e que as formas de relação entre as pessoas e o desenvolvimento humano constituem-se por meio de um processo de desenvolvimento cultural permeado pela apropriação de significados e pela atribuição de sentido à vida, às coisas, às pessoas, às relações sociais e humanas.

A questão da integração remete-nos ao segundo elemento de questionamento de práticas centradas basicamente em formas e materiais que necessariamente requerem disciplina corporal ou abstração de ideias, em detrimento das práticas com movimentos amplos e experimentações sensoriais e corporais. Cada vez mais é destacado que a criança pequena aprende por meio de experiências concretas cujos significados dos objetos e das ações humanas se dão em processos interativos, mediados por elementos históricos e culturais. Dessa forma o ingresso da criança pequena na cultura, no caso daquelas cuja responsabilidade por seu desenvolvimento cultural é compartilhado entre a família e as instituições de Educação Infantil, necessita ser compreendido em toda sua dimensão pelos sujeitos mediadores do desenvolvimento da criança.

Quando estamos conversando com os bebês e com as crianças pequenas sobre as coisas, quando interpretamos suas intenções e desejos, quando com elas medimos objetos e destacamos dimensões de volume, quando lhes chamamos atenção a sons diversos, quando lhes contamos histórias, quando as trocamos ou banhamos, estamos inserindo-as em modos culturais de nomear coisas, de classificar, de cuidar delas mesmas.

Nas instituições educacionais, essas mediações, por vezes, acontecem de forma a privilegiar o verbal ou o pensamento abstrato, construindo situações e vivências distantes da realidade da criança pequena. Se, como nos ensina Vigotski, a criança pequena constrói conhecimento sobre o mundo a partir dos conhecimentos cotidianos, temos de pensar estratégias pedagógicas que partam deles para permitir à criança ampliar sua significação, somar ao objeto e ao mundo cotidiano outras leituras, outras interpretações, entre elas, interpretações dadas pelos cientistas, pelos artistas, pelos poetas, pelos músicos, pelos dançarinos, pelos escultores, pelos contadores de casos etc.

> Que conhecimentos a criança possui sobre seu entorno? Que objetos naturais ou construídos pelo seu grupo cultural ela usa e conhece? De que forma utiliza esses objetos? Como enriquecer esses usos e significados? Como articular esses significados a outros também presentes na cultura? O que aprendemos quando temos um olhar aguçado para a criança em interação com seu ambiente?

A Educação Infantil do campo apresenta uma riqueza em termos de exploração dos recursos naturais. Pode ser um momento em que as crianças se envolvam em explorações e expedições ao redor da instituição, o que é possível de ser feito inclusive com os bebês, em passeios no entorno da creche/pré-escola e na vizinhança. Nessas atividades, as crianças e os(as) professores(as) podem, por exemplo, explorar formas, cores, tipos de plantas ou animais, ampliar seus repertórios, seus olhares e suas sensibilidades para aquilo que, às vezes, lhes parece tão comum e sem encantamento.

Decorre daí que os recursos e materiais na Educação Infantil do campo, quando bem utilizados e elaborados pelos(as) professores(as) com sensibilidade e criatividade, são naturalmente mais ricos que aqueles presentes nas instituições urbanas, muitas vezes caracterizadas pela restrição de espaços e pelo pouco contato com ambientes naturais. Poder educar o olhar das crianças para esses aspectos, compreendendo como eles constroem as formas de pensar, sentir e agir da criança do campo, constitui em oportunidade para o próprio conhecimento e crescimento profissional do(a) professor(a).

Além da utilização das áreas verdes já disponíveis, que funcionam como um riquíssimo laboratório para experiências individuais e coletivas diversas, na Educação Infantil do campo, podemos delimitar ambientes ("cantos") para contação de história ou para a experimentação de gostos, cheiros e sabores diversos, realizar um banho diferente ao ar livre, construir parques com materiais naturais, construir obstáculos naturais, jardins com morrinhos de terra e madeiras que permitam, desde aos bem pequenos, uma integração corporal gostosa e desafiadora da criança com seu ambiente natural, na extensão de seus ambientes internos.

Ler histórias e contar histórias embaixo de árvores, em redes e varandas, tecer um tapete colorido com as crianças, forrar o chão com folhagens e materiais que delimitam um cantinho aconchegante para

A AMBIÊNCIA DAS APRENDIZAGENS SIGNIFICATIVAS E DAS EXPERIÊNCIAS

o envolvimento das crianças nas atividades, realizar um almoço ao ar livre, garantir o banho de sol dos bebês, optar por janelas cuja altura permita às crianças, mesmo as bem pequenas, a visibilidade para a área externa, aproveitar uma bica ou encanar a água em um chuveirão ou torneira, organizar hortas e viveiros, explorar as águas, areia e barro são situações que, cotidianamente, podem fazer do espaço externo o maior cenário das práticas pedagógicas, enfim, daquilo que se constitui o eixo da Educação Infantil, das brincadeiras e interações.

Os projetos arquitetônicos para a Educação Infantil do campo podem privilegiar a criação de espaços internos integrados e abertos para as áreas externas, que permitam à criança, mesmo bem pequena, explorar e movimentar-se em áreas mais abertas, com a segurança da proximidade de áreas mais estruturadas.

Árvores, plantas, plantações, águas de rios, de chuvas e de nascentes, terra seca e molhada, preparada para o plantio ou em processo de brotamento das sementes, ventos calmos e intensos, sol da manhã, do meio dia, do entardecer, cheiros e escuta de barulhos dos animais, por serem valorizados pelas crianças e nos quais elas se sentem à vontade, poderiam ser apropriados também nas vivências nas creches e pré-escolas, tornando-as um local agradável e instigante para a curiosidade das crianças. Não seriam esses recursos mediações materiais mais próximas à realidade da criança e capazes de dialogar com a sua curiosidade para o conhecimento científico sobre o mundo? Por que faz sombra

Cuidados especiais para os espaços da Educação Infantil do campo

Geralmente, as instituições de Educação Infantil localizadas nos territórios rurais possuem particularidades físicas que exigem cuidados para o atendimento às crianças bem pequenas. Por exemplo, uma instituição de uma comunidade ribeirinha ou extrativista, geralmente localizada em regiões com alta ocorrência de insetos, inclusive transmissores de doenças como a malária, deve se preocupar com a estrutura de seus espaços para evitar infestações. Para isso, a instituição pode recorrer ao uso de telas de proteção em portas e janelas e repelentes naturais. Outro exemplo se relaciona aos contextos em que a instituição de Educação Infantil está localizada em regiões de alta incidência solar na maior parte do ano, como o caso das comunidades pesqueiras caiçaras, quilombolas e assentamentos rurais. Nesses casos, a instituição deve se preocupar com cuidados estruturais também, como varandas ou quadras cobertas, outros espaços externos com sombras, de árvores, sombrites, trepadeiras ou telhados construídos com elementos naturais da própria localidade, além da preocupação com o uso de protetor solar no caso de passeios externos em áreas pouco sombreadas.

e por que ela se move? Por que chove? Por que escurece? Essas experiências, possibilitadas e mediadas pelo(a) professor(a), não permitiriam apropriações pelas crianças mais carregadas de emoção e, portanto, também mais vivas? Aprendizagens significativas podem brotar destas relações intensas das crianças com o seu contexto social, natural, cultural.

Ao proporcionar a vivência de uma atividade realizada sob a sombra de uma grande árvore, não estaríamos possibilitando apropriações sensoriais e cognitivas mais integradas e integradoras daquela vivência? O que acontece então com as crianças quando estamos contando história ao ar livre, debaixo de uma árvore ou em uma cabana montada com tecidos ou folhagens? O que acontece quando brincamos com saquinhos e potinhos que permitam que elas capturem o vento ou a água e exploramos a conversa ou outras possibilidades expressivas sobre isso? Que hipóteses e construções afetivas, cognitivas e motoras lhes estamos proporcionando e provocando? Não estaríamos promovendo apropriações desse espaço, legitimando-o como incorporado ao território da Educação Infantil, território das novas aprendizagens e, portanto, possibilitando que seja ainda mais valorizado, preservado, cuidado e respeitado?

Por fim, e não menos importante, conhecer os brinquedos preferidos dos bebês e das crianças pequenas e os costumes locais anuncia-se como característica inspiradora para a organização dos espaços da instituição: das salas de referência, das áreas externas, do refeitório, banheiros etc. A presença de materiais e brinquedos que valorizem a cultura, a produção e a economia locais, que consideram a diversidade étnico-racial e a educação em uma perspectiva ambiental auxilia as crianças a apropriarem-se de aspectos culturais relacionados à valorização do campo e de sua diversidade.

Os materiais naturais, os brinquedos e as áreas abertas são fundamentais para a Educação Infantil, no intuito de contribuir para o desenvolvimento integral dos bebês e das crianças pequenas. Associar esses elementos às possibilidades disponibilizadas no próprio contexto de vida do campo em que estão essas crianças pode contribuir para a construção de uma Educação Infantil diferenciada, com espaços e materiais organicamente vinculados à produção da vida da criança.

Atividades

É pela interação com os objetos e com o seu próprio corpo – em atitudes como colocar o dedo nas orelhas, pegar os pés, segurar uma mão com a outra – que a criança estabelece relações entre seus movimentos e suas sensações e experimenta, sistematicamente, a diferença de sensibilidade existente entre o que pertence ao mundo exterior e o que pertence a seu próprio corpo. Por essas experiências torna-se capaz de reconhecer, no plano das sensações, os limites de seu corpo, isto é, constrói-se o recorte corporal (GALVÃO, 1995, p. 51.).

1) Nesse trecho, a autora nos mostra que, segundo o pensamento de Wallon, as crianças constroem

seu recorte corporal e vão compreendendo a sua relação com o mundo a partir das experiências interativas com os objetos e com seu próprio corpo. Considerando essas ideias sobre o desenvolvimento infantil, observem as crianças da Educação Infantil, principalmente os bebês.

a) De que modo elas interagem com os espaços da creche/pré-escola? Quais os espaços pelos quais elas mais se interessam? Vocês conseguem analisar o porquê desses espaços serem os preferidos?

b) Quais movimentos e sensações são mais visíveis quando estão explorando áreas externas? E nas áreas internas?

2) Descrevam as situações observadas e analisem como os elementos naturais locais estão ou não contribuindo para a exploração do mundo pelas crianças por meio do movimento.

Leituras importantes

CARVALHO, Ana M. A. *et. al.* (Orgs.). *Brincadeira e cultura*: viajando pelo Brasil que brinca. São Paulo: Casa do Psicólogo, 2003. (Volume I: O Brasil que brinca).

_____. _____. São Paulo: Casa do Psicólogo, 2003. (Volume II: Brincadeiras de todos os tempos).

MACENA, Izonaide de; SILVA, Magna Coelly Pedro da; RIBEIRO, Albertina Maria. *O lúdico na Educação Infantil no campo*: brincando e educando com coisas da natureza. Artigo (Licenciatura Plena em

Pedagogia) – Universidade Federal da Paraíba, Bananeiras, [s.d.]. Disponível em: http://www.cchsa.ufpb.br/index.php?option=com_docman&task=doc_download&gid=110&Itemid=28. Acesso em: 30 dez. 2011.

WALLON, Henry. *Psicologia e educação da infância.* Tradução de A. Rabaça. Lisboa: Estampa, 1975.

4. Organização de tempos

Quem nunca teve uma experiência de transitar entre campo e cidade e sentir as diferenças sensoriais marcantes vividas nesses contextos? Não é comum, a partir das cidades, conceber o campo como lugar de descanso, de relaxamento, de tranquilidade, de sentir o tempo passar diferente?

Os tempos da Educação Infantil do campo precisam ser ressignificados em relação aos tempos já por nós tão cristalizados na Educação Infantil em contextos urbanos.

> *Chegamos ao assentamento um pouco esbaforidas e agitadas pelo trânsito de Ribeirão Preto. Estávamos felizes porque naquele sábado não havia chovido e podeu ríamos nos encontrar na Ciranda, com os adultos e as crianças. Pouco a pouco, mas bem pouco a pouco, foi chegando cada um, bem devagar, em ritmo dado pela carroça, pela bicicleta nas estradinhas de terra, pela caminhada de trajeto longo sob o sol, pela carriola que servia para que um dos cirandeiros trouxesse seus dois filhos de dois e quatro anos de idade. Na conversa inicial, eles festejavam a chuva que havia ocorrido ao longo de mais de uma semana; chuva*

> *que, para nós, havia atrapalhado a atividade programada na semana anterior, mas, para eles, era motivo de satisfação porque preparara a terra para o início da plantação.*
> (Trecho de Diário de Campo da atividade de extensão realizada na Ciranda Rumo à Liberdade, do Assentamento Mário Lago, Ribeirão Preto-SP).

Esse trecho escrito a partir da memória dos momentos iniciais de nossa relação com o assentamento Mário Lago, em Ribeirão Preto, aponta as materialidades diversas que marcam os tempos dos sujeitos do campo e as diferentes significações da chuva a partir dessas materialidades. Preocupadas estávamos com a nossa atividade, com o planejado, com um cronograma rígido da atividade acadêmica, desvinculado das condições de tempo, do momento da produção daquela população. A chuva, por que chover exatamente naquele dia? Só atrapalhou nosso cronograma e nos gerou frustração. Para eles, que maravilha! Tão esperada, para plantar e para refrescar a secura do tempo, quebrar a dureza da terra naquela época do ano. A partir de uma verdadeira trama de significações opostas, o encontro/confronto naquele momento mostrou-nos que era necessário ressignificar nossa relação, relativizar a importância de nosso planejamento, entender que nosso tempo era diferente do deles em virtude de marcadores diversos. Não seria uma imposição iniciarmos o trabalho a partir apenas do nosso tempo?

Rever calendário e tempos significa olhar para a Educação Infantil a partir das necessidades das famílias e das crianças do campo, necessidades

A AMBIÊNCIA DAS APRENDIZAGENS SIGNIFICATIVAS E DAS EXPERIÊNCIAS

articuladas com suas organizações de vida e de trabalho, com a estiagem ou período de cheias, com momentos de produção e colheita, de cuidado com os animais, com os tempos do extrativismo, com as atividades de distribuição e comercialização de produtos. Horários que precisam ser descobertos, visibilizados com os próprios sujeitos do campo.

Um dos marcos para isso é compreender os tempos da produção e das culturas locais. Por exemplo, de que modo integrar ao calendário educacional os períodos das comunidades ribeirinhas na época da cheia das águas? Como é a rotina do grupo? Quando os pequenos agricultores e/ou assentados da reforma agrária estão na época da colheita, como se organiza o cotidiano da comunidade ou da família? Alguns grupos de pescadores, quando saem para pescar, podem permanecer longos períodos no barco. Nesse caso, como será que as famílias se organizam e compartilham o cuidado e educação dos bebês e das crianças pequenas? Quais são suas necessidades em relação aos cuidados e educação dos filhos nesse período?

Além dessas peculiaridades das populações rurais, que envolvem modificações na rotina das famílias ao longo do ano, há também particularidades territoriais, que correspondem, por exemplo, às longas distâncias entre a escola e a casa das crianças e às possíveis intempéries que caracterizam cada contexto (por exemplo, períodos de estiagem e de seca; trechos que, de acordo com a época do ano, apresentam risco de atolar no

Licenciatura em Educação do Campo

Os cursos de Licenciatura em Educação do Campo tiveram como grande incentivadora a II Conferência Nacional Por uma Educação do Campo, realizada em 2004, em Luziânia (GO). Na ocasião, encaminhou-se a demanda para a elaboração de uma política pública de formação de educadores do campo pelo Ministério da Educação, que permitiu a constituição de projetos pilotos de cursos da Licenciatura em Educação do Campo nas universidades públicas do Brasil. Atualmente, são mais de trinta universidades oferecendo o curso nas mais diversas regiões do País. Geralmente, são cursos voltados para professores e outros profissionais da Educação em exercício nas escolas do campo da rede pública, para profissionais que atuam em centros de alternância ou em experiências educacionais alternativas.

As Casas Familiares Rurais e as Escolas Família Agrícola

A Pedagogia da Alternância aparece na França, nos projetos das chamadas Casas Familiares Rurais e das Escolas Família Agrícola, que foram criadas para enfrentar os problemas da Educação rural naquele país. Na Pedagogia da Alternância o projeto pedagógico é vinculado ao cotidiano das comunidades rurais. Assim como na França, no Brasil, a origem desse modelo está vinculada à iniciativa da Igreja Católica e sua experiência se inicia principalmente no Estado do Espírito Santo.

caminho até a escola). Se falam da necessidade de uma reorganização geral de tempo na Educação Infantil do campo, tais questões se referem também à necessidade de uma reorganização do trabalho em cada turma ou grupo de crianças.

A sensibilidade "para" e a responsabilidade "da" revisão dos tempos cristalizados e a adequação dos tempos do campo devem ser de todos: dos(as) dirigentes municipais, das equipes escolares, dos(as) professores(as) de cada turma. E isso requer medidas em cada uma das instâncias (dos sistemas, da organização das instituições e do trabalho direto com a criança), revendo calendários oficiais, horários gerais, tempos e espaços que estruturam as atividades com os bebês e as crianças pequenas.

Uma das propostas mais conhecidas na Educação do Campo em termos de organização dos calendários, feita pelos sistemas e equipes educacionais, é conhecida como Pedagogia da Alternância. Existem experiências brasileiras baseadas nessa proposta, em especial nos Ensinos Fundamental e Médio, assim como nos cursos de licenciatura em Educação do Campo. A Pedagogia da Alternância teve sua origem na França, a partir de experiências de Educação no espaço rural que consideravam as especificidades dos tempos no campo. Em torno dela, uma nova forma pedagógica é criada, cujos princípios procuram garantir: Educação organicamente vinculada à vida no campo; uma práxis que alterna tempos de aprendizagem na escola e tempos de aprendizagem na comunidade; aproximação do(a) professor(a) à comunidade, inclusive sua presença nos locais de moradia das crianças no tempo comunidade; investigação do cotidiano e uma articulação com os conhecimentos científicos sobre aquele cotidiano; desenvolvimento de projetos integrados, dado que são eles que orientam o estudo no tempo comunidade. No caso da Educação Infantil, ainda são incipientes essas iniciativas, e é necessário investigar se elas são ou não as melhores formas de atender às demandas das famílias de determinada localidade.

Regulamentação da Pedagogia da Alternância

O Conselho Nacional de Educação possui dois pareceres que se referem, de alguma forma, à Pedagogia da Alternância. O primeiro discute as possibilidades de reconhecimento das Casas Familiares Rurais (Parecer CNE/CEB nº 21/2002) e o segundo se refere aos dias letivos e ao reconhecimento dos Centros Familiares de Formação por Alternância (Parecer CNE/CEB nº 1/2006).

O Grupo de Pesquisa Mopec da Unemat/Sinop tem acompanhado desde 2005 a construção de Projetos Político-Pedagógicos em escolas do campo da região norte do Estado de Mato Grosso, cujas propostas são desenvolvidas em regime de alternância. Citaremos como exemplo uma das comunidades em que a Educação Infantil também é organizada a partir dos princípios da Pedagogia da Alternância.

Para explicitar como isso ocorre, compusemos um texto a partir de alguns recortes de falas de uma conversa realizada com a menina Daniele, que recompõem as etapas da organização pedagógica por meio da alternância. À época, ela tinha cinco anos de idade e era moradora da comunidade conhecida como Linha Paraná, no município de Terra Nova do Norte. Quando questionada pela pesquisadora Jaqueline Pasuch sobre qual tempo ela gostava mais, se o Tempo-Escola ou o Tempo-Comunidade, a menina relata:

Eu gosto muito dos dois tempos... porque no Tempo-Comunidade os professores vêm pras nossas casas com os nossos coleguinhas que são nossos vizinhos também e a gente já brinca sempre juntos, já se conhece. Então, a professora chega com os coleguinhas e a nossa família (eu, meu pai, minha mãe e minhas duas irmãzinhas) se prepara porque a nossa casa vira uma escola. Daí a mãe fica preparando um lanche, às vezes bolo, frutas e suco ou pão, assim... e o pai vai com a gente mostrar os pés de fruta, as plantações, os animais, aonde que tira o leite, os bezerrinhos que são tão bonitinhos! Também teve um dia que a gente foi conhecer onde que nascia a água e aprendemos que tem que ter plantinhas pertinho.

A AMBIÊNCIA DAS APRENDIZAGENS SIGNIFICATIVAS E DAS EXPERIÊNCIAS

> *Depois do passeio, onde o pai vai mostrando e a professora explicando, a gente vai coletando coisas (pétalas, flores, folhas, tira fotografias... e outras coisas), aí é a hora do lanche. A gente lancha e a mãe arruma a mesa pra gente poder conversar sobre as coisas do passeio, cada um mostra o que trouxe, a gente cola no "Caderno do Tempo-Comunidade" (um caderno grande de desenho) e pode desenhar o que viu e a professora vai escrevendo o que a gente desenhou e que dia que foi. Aí o tio do transporte passa pra buscar e vai entregando cada criança na sua casa. Daí no outro dia eu vou com a professora na casa de um coleguinha. Depois a gente começa o "Tempo-Escola" ... a gente tem que levantar mais cedo porque o transporte passa cedo, aí a gente vai pra escola e fica lá até de tardinha.*
>
> *De manhã a gente tem aula e pega tudo o que fez no "Caderno do Tempo-Comunidade" e a professora vai perguntando e a gente vai se lembrando... ela vai ajudando a gente a se lembrar e aí cada dia a gente vê nas revistas ou nos livros que são da professora sobre aquele assunto que a gente viu em casa. Teve um dia que a gente falou sobre as sementinhas que cada coleguinha tem em casa e a gente levou pra escola e estudou como que cada uma deve ser plantada e como que deve cuidar, quanto tempo demora pra ser colhida e a gente planta também e vai vendo como que vai sendo a sementinha se transformar em uma melancia...*
>
> *De manhã a gente faz projeto, desenha, pinta, escuta historinha e outras coisas e de tarde tem as oficinas... sabe que eu não vejo a hora que chegue o ano que vem porque daí eu vou ter violão também... sim, eu gosto de ter aula nos dois tempos.*
>
> A pequena Daniele apresenta-nos uma experiência pedagógica vivida por ela, seus colegas, familiares, motorista de transporte escolar, professores(as) e gestores(as) da política municipal de Educação do Campo. O acompanhamento dessa proposta permitiu perceber uma integração e interação entre escolas, famílias e comunidades, em processos vinculados à vida do campo, cujo currículo escolar supera os modelos de escolas tradicionais e os torna vivos.

Precisamos garantir que o modo como organizamos nossas atividades distribuídas ao longo do dia seja capaz de acolher a criança e de criar um ambiente de fato educativo, prazeroso para o encontro com as experiências pessoais e coletivas de conhecimento. Essa acolhida na creche ou pré-escola tem de levar em conta os tempos da criança desde que ela sai de casa. Há relatos, dependendo das condições do transporte e dos caminhos para se chegar à escola, em que as crianças permanecem sentadas no transporte escolar, tanto na ida como na volta, por meia hora, quarenta minutos. Ou seja, consideramos na acolhida de nossas crianças, na organização dos espaços e proposição de atividades, o tempo em que ficaram sentadas durante o transporte da casa até a pré-escola? É pedagógico e justo com seus corpos que as atividades disponibilizadas as forcem a permanecer dispostas em carteiras a maior parte do tempo na pré-escola?

> Qual calendário é melhor para a comunidade atendida? Como incorporar essas variações de calendário no sistema municipal que muitas vezes é rígido demais? Que horário de funcionamento é mais adequado para as famílias? Que outras possibilidades se apresentam? Nos casos dos bebês e crianças bem pequenas, e em lugares de difíceis condições de acesso e transporte, poderíamos organizar grupos pequenos de crianças e a própria professora deslocar-se até esses grupos, desde que garantidos espaços e estrutura para o desenvolvimento das atividades com qualidade?

Na organização dos tempos, precisamos:

- considerar os horários em que as crianças acordaram;
- disponibilizar espaços, cantinhos ou redes para que as crianças que acordaram muito cedo possam ter um momento de descanso, um "soninho" para depois serem inseridas nas atividades em grupo.
- incluir a possibilidade de a criança banhar-se, caso queira, por causa de poeira ou de intempéries enfrentadas durante o transporte.

Marcadores temporais

O uso de marcadores temporais pode ajudar a criança a lidar com as construções que ela está fazendo sobre o tempo e as relações temporais entre os eventos de sua vida. Na Educação Infantil, é comum utilizar algum indicador de tempo, para referir que: o tempo de uma atividade está terminando; haverá transição de atividade; ocorrem as mudanças nos dias da semana; há modificações das estações ao longo do ano; ao longo do tempo, acontece crescimento de plantas, animais e da própria criança; ontem, hoje e amanhã possuem relações temporais. Esses marcadores não podem ser entendidos como elementos de um "treino temporal", mas sim, como elementos da ação humana concreta. No livro *Psicologia e educação da infância*, Wallon (1975, p. 36) afirma que a criança *não pode representar a vida e, por consequência, a história, senão através do que lhe parece mais ou menos possível de viver pessoalmente [...] Aquilo que pode, em primeiro lugar ligá-la à história é a ação do homem e aquilo que lhe é devido nas transformações que a vida sofreu.* Ou seja, o que a criança aprende são os "esforços e acontecimentos humanos" necessários para uma transformação espaço-temporal.

Calendário Biológico

A professora Clarice Sumi Kawasaki, da FFCLRP-USP, e as professoras da Creche Carochinha Coseas/USP desenvolvem um projeto com as crianças da Educação Infantil denominado Calendário Biológico. Por meio dele, as crianças acompanham o processo de floração das árvores no *campus* em que se localiza a creche, uma antiga fazenda de café reflorestada.

Além dessas particularidades, podemos também pensar a organização do calendário e das festividades ao longo do ano compreendendo-as também como marcadores temporais para a criança que, na Educação Infantil, constrói relações temporais, aprende a lidar com o antes, o agora e o depois, o ontem e o amanhã. Que imagens e marcadores temporais usamos ao longo do dia com os bebês e as crianças bem pequenas? E ao longo do ano?

No livro *Creches: crianças, faz de conta & Cia* (Vozes, 1992), as autoras Zilma de M. R. de Oliveira, Ana M. Mello, Telma Vitória e Maria Clotilde Rossetti-Ferreira questionam a ênfase de ações na Educação Infantil que obedecem apenas ao chamado "relógio biológico". Elas alertam para a necessidade de desenvolvimento de práticas que contemplem o que chamam de "relógio histórico" e "relógio psicológico". O primeiro refere-se aos acontecimentos e marcadores culturais locais ou gerais. O segundo, ao modo como cada criança se apropria das noções e relações temporais. A programação da instituição de Educação Infantil deve considerar esses diferentes relógios de forma integrada. No caso das crianças do campo, podemos articular às nossas práticas os tempos de floração, os tempos das chuvas e das águas, os tempos da vida e da morte de plantas e animais. É preciso refletir se e quanto esses elementos, que tornam a Educação Infantil nesses contextos repleta de especificidades, dialogam com as atividades planejadas pela equipe escolar. Como as festas, rituais, tradições, colheitas/plantios, trabalhos da comunidade transitam nas atividades da creche e pré-escola?

A AMBIÊNCIA DAS APRENDIZAGENS SIGNIFICATIVAS E DAS EXPERIÊNCIAS

Assim, devemos pensar em como integrar o cotidiano da comunidade e o cotidiano educacional, o que só se torna realizável quando um e outro estão abertos ao diálogo e preocupados com a qualidade do cuidado e da educação dos bebês e das crianças pequenas. Nesse sentido, as atividades podem ser planejadas tendo como objetivo o desenvolvimento integral das crianças e como eixo norteador o brincar, no qual as interações (com outras crianças e com adultos) atuam com papel privilegiado, e os tempos podem ser planejados tendo como referência o principal protagonista da Educação Infantil: meninos e meninas concretos vistos a partir dos modos de produção de suas vidas em comunidades determinadas, na relação com o mundo.

O professor ou a professora pode se apropriar de práticas norteadas por essas questões temporais complementares diretamente a partir de conversas com as crianças sobre sua rotina. Uma roda de conversa no início das atividades diárias, em que as crianças são perguntadas sobre o que fizeram naquele dia, e no dia anterior quando chegaram da escola, por exemplo, pode sugerir uma ideia aos profissionais da Educação de como compor as atividades ao longo do dia na pré-escola. Na creche, com os bebês, essa conversa pode ser iniciada nos momentos de chegada e saída das crianças com os responsáveis que as levam. Assim, aos poucos, é possível construir uma proposta integradora entre comunidade e instituição educacional, que promova ricas possibilidades ao desenvolvimento das crianças.

Durante a rotina diária em que convivem com adultos (os profissionais da Educação) e com outras crianças, diferentes de sua família e rede de relações, os bebês e as crianças pequenas vão se constituindo como seres sociais, assim como vão compreendendo relações temporais, em um processo educacional de ações complementares, entre as comunidades, a creche/pré-escola e as famílias em interações com as crianças.

Atividades

1) Como é a organização do tempo diária de sua turma ou de sua instituição de Educação Infantil? Vamos escrevê-la ou colocá-la em um quadro e, em seguida, discuti-la a partir das questões trazidas nesse tópico.

2) Com base em observações e conversas com as crianças e as famílias, descreva os tempos das crianças da Educação Infantil durante toda a semana, incluindo os fins de semana, desde que acordam até a hora em que vão dormir, atentando-se para os detalhes relativos aos deslocamentos, à alimentação, aos banhos, às brincadeiras e às interações.

Leituras importantes

LOUZADA, Fernando; MENNA-BARRETO, Luiz. *Relógios biológicos e aprendizagem*. Ponta Grossa: Edesplan, 2004.

MOTA, Carla Carolina França; MACHADO, Darlene Lira; LIMA, Elmo de Souza. *Currículo e diversidades culturais na Educação Infantil.* [s.d.] Dissertação (Pedagogia). Universidade Federal do Piauí, [s.d.]. Disponível em: <http://www.ufpi.br/subsiteFiles/ppged/arquivos/files/VI.encontro.2010/GT.8/GT_08_05_2010.pdf>. Acesso em: 30 dez. 2011.

5. A composição de turmas na Educação Infantil do campo

Os debates sobre a seriação, a multisseriação e os ciclos, característicos do Nível Fundamental, são bastante intensos no País e suas escolhas, às vezes feitas mais com base em orientações políticas e financeiras do que propriamente pedagógicas, repercutem, dentre outras coisas, nas potencialidades de aprendizagem dos estudantes, nas possibilidades de interação em sala de aula, nas condições e na autonomia do trabalho docente, nos índices de fracasso e desistência da escola.

Eu trabalho só em um período, de 7 horas às 11 horas, com seis séries. Organizo o trabalho na sala de aula assim: todo dia, eu levo os cadernos dos menores (Jardim II e III) para casa. Lá eu passo as atividades para eles. Chegando aqui, dou o caderno para eles e depois vou passar as atividades para a primeira, a segunda, a terceira e a quarta séries. Quando uma está terminando, mando aguardar um pouquinho, enquanto atendo a outra que já acabou.

Eu procuro, ao máximo, me esforçar para cumprir as atividades, usando os três quadros, apesar de ser difícil cumprir os conteúdos, por serem muitas séries. Sinto dificuldade para pôr em prática o planejamento. São seis turmas, o tempo que estou explicando para uma, as outras crianças já estão dizendo:

> *"Professora, já acabou minha atividade; a senhora ainda não vem explicar para mim?"* A gente tem que ter aquele fôlego, para reparar todas as turmas. (Professora K. A. D.)
>
> O trecho é um depoimento de uma das participantes das pesquisas que vêm sendo realizadas pelo professor Salomão Mufarrej Hage, da Universidade Federal do Pará (UFPA). Retirado de: Movimentos sociais do campo e a afirmação do direito à Educação: pautando o debate sobre as escolas multisseriadas de Ensino Fundamental na Amazônia paraense (*Revista Brasileira de Estudos Pedagógicos*, Brasília, DF, 2007.), o trecho compõe o conjunto de vozes que vêm sendo recortadas pelo professor para problematizar a precariedade com que são implantadas as salas multisseriadas e, ao mesmo tempo, a necessidade de construir lógicas, no campo, de constituição de turmas que superem e rompam com padrões de seriação.

Na Educação Infantil, verifica-se que alguns municípios têm tido sensibilidade e buscam condições para não estabelecer os mesmos critérios de agrupamento de crianças na cidade e nas áreas rurais, assumindo os encargos adicionais financeiros para garantir equidade no acesso e na qualidade, a fim de garantir o direito educacional da criança. No projeto de doutorado em andamento de Luciana Pereira de Lima, no Triângulo Mineiro, há relatos de turmas compostas por cinco crianças na pré-escola. Assim, a criação de salas, mesmo que em número reduzido de crianças aponta para uma postura elogiável do município de valorização da Educação Infantil e de respeito ao direito da criança. Outros municípios, ao contrário, vêm recorrendo, por exemplo, no Ensino Fundamental, com utilização do mecanismo da organização de turmas em salas multisseriadas.

O modelo de multisseriação convive com o chamado modelo da nucleação. A nucleação representa uma política de organização das instituições educacionais que privilegia o alcance de determinado número de alunos para a composição de turmas e que busca agregar o maior número possível de crianças em uma escola. Essa forma provoca o fechamento de pequenas escolas, a não construção de novas escolas do campo e o aumento da distância entre a casa da criança e a escola. Essa política tem criado um grande contingente de estudantes transportados por longos períodos intra ou extracampo.

Tal lógica é pautada principalmente no discurso da racionalização dos recursos. Por vezes, esse movimento de nucleação acaba também sendo justificado com o argumento de que as turmas multisseriadas apresentam uma baixa qualidade para o atendimento à Educação.

A nucleação provoca efeitos particulares na Educação Infantil. Como resultado, a dificuldade de acesso aumenta quanto menor for a idade da criança, já que se deve evitar o transporte da criança pequena e, quando esse ocorre, mesmo que em distâncias razoáveis, a locomoção dos menores é ainda mais complexa. Outra forma de organização na Educação Infantil do campo tem sido alocar salas de Educação Infantil em escolas do Ensino Fundamental. Essa medida, se estritamente necessária, deveria vir acompanhada de outras medidas para garantir a preparação e adequação das escolas que recebem as crianças tão pequenas. No estudo de doutorado de Luciana Pereira de Lima, as professoras reclamam da inadequação da escola de Ensino Fundamental para o acolhimento das crianças bem pequenas e confirmam que a

Educação Infantil acaba funcionando de modo semelhante ao nível de ensino subsequente.

Além disso, outros problemas podem decorrer dessa prática. Com relação à visibilidade da Educação Infantil realizada em área rural, a partir dos dados sociodemográficos, verifica-se um ocultamento da realidade, já que muitas vezes existem salas anexas nas escolas do Ensino Fundamental.

Por sua vez, também é comum encontrar escolas do campo anexas a escolas-sede, localizadas no centro urbano do município. A já citada pesquisa de mestrado de Denise R. M. Oliveira demonstra que o atendimento à Educação Infantil em salas de instituições de Ensino Fundamental também se pronuncia na região mineira investigada e impede que haja qualidade da Educação Infantil, apesar de assegurar avanços na ampliação da oferta de vagas. Além disso, a existência de turmas anexas dificulta o levantamento de dados sobre a Educação Infantil no campo.

Resumindo, temos de ter clareza de que, na Educação do Campo, a "enturmação" é tema de debate e de disputa e suas formas incidem diretamente na qualidade da Educação. A ela está relacionado também o embate entre os direitos da criança (de Educação com qualidade e de acesso às vagas próximas de sua residência) e o financiamento público nem sempre compatível para a efetivação desses direitos.

Se essa é uma questão central para a Educação do Campo de modo geral, também o é para a Educação Infantil do campo. Como organizar turmas na Educação Infantil do campo? De que modo se podem superar lógicas de agrupamento originárias de uma realidade com concentração da população?

A experiência e os dados informam que também crianças de cinco e de seis anos de idade estão, muitas vezes, em salas multisseriadas, acompanhando turmas do Ensino Fundamental. Esse procedimento está frontalmente contrário ao que determinam as Diretrizes Complementares, Normas e Princípios para o Desenvolvimento de Políticas Públicas de Atendimento da Educação Básica do Campo (artigo 3º, parágrafo 2º da Resolução CNE/CEB nº 2/2008): "Em nenhuma hipótese serão agrupadas em uma mesma turma crianças de Educação Infantil com crianças do Ensino Fundamental". São vedadas assim, do ponto de vista legal, essas formas de organização de turmas.

Em relação à organização no interior da Educação Infantil, ou seja, aos agrupamentos de crianças em creches e pré-escolas, não existe, contudo, uma legislação específica. Geralmente, a estruturação predominante de turmas na Educação Infantil brasileira tem sido feita por idade, com justificativa de melhor auxiliar o trabalho do adulto, dado que ele se especializa em determinada faixa etária. Dessa forma, tradicionalmente influenciada por uma concepção de desenvolvimento infantil que o divide em etapas ao longo do ciclo vital, assim como por uma prática que centraliza a organização do trabalho pedagógico nas possibilidades do(a) professor(a), a enturmação de crianças nas creches e pré-escolas brasileiras tem sido feita geralmente ano a ano: turmas de crianças de até um ano de idade, de um a dois anos, de dois a três anos, de três a quatro, de quatro a cinco, de cinco a seis anos. Essa forma de divisão, embora encontre base em

Agrupamentos etários

Segundo os Parâmetros Nacionais de Qualidade para as Instituições de Educação Infantil, publicados pelo MEC em 2006 (p. 31, v. 2): *A organização em agrupamentos ou turmas de crianças nas instituições de Educação Infantil é flexível e deve estar prevista na proposta pedagógica da instituição. Os grupos ou turmas de crianças são organizados por faixa etária (um ano, dois anos etc.) ou envolvendo mais de uma faixa etária (zero a dois, um a três etc.). A composição dos grupos ou das turmas de crianças leva em conta tanto a quantidade equilibrada de meninos e meninas como as características de desenvolvimento das crianças.* No Parecer das Diretrizes Curriculares Nacionais para a Educação Infantil, de 2009 (p. 13), a questão dos agrupamentos aparece da seguinte forma: *O número de crianças por professor deve possibilitar atenção, responsabilidade e interação com as crianças e suas famílias. Levando em consideração as características do espaço físico e das crianças, no caso de agrupamentos com criança de mesma faixa de idade, recomenda-se a proporção de seis a oito crianças por professor (no caso de crianças de zero e um ano), quinze crianças por professor (no caso de criança de dois e três anos) e vinte crianças por professor (nos agrupamentos de crianças de quatro e cinco anos).*

Parâmetros Nacionais e seja vista como facilitadora do trabalho educativo com crianças pequenas em espaços coletivos, não é rígida e pode sofrer alterações. Agrupamentos multietários podem, portanto, também ocorrer.

Na construção de uma pedagogia da infância pequena, alguns pesquisadores propõem agrupamentos com faixas mais amplas, questionando uma possível segregação provocada pela enturmação por idade assim como as concepções sobre infância e suas capacidades implícitas nessa forma de organização. Como existem poucas experiências no Brasil com formas diferenciadas de organização de turmas, é necessário o desenvolvimento de pesquisas para acompanhar os processos educativos e interativos que nelas ocorrem.

Nos casos em que a concentração de crianças for grande, ao longo do dia, podem ser utilizadas estratégias de promoção de interação entre diversas faixas etárias, com momentos de atividades em pequenos grupos e em grandes grupos, com possibilidades criadas e com atividades conjuntas em áreas externas e parques, mesmo quando o agrupamento é feito por idade. Essa organização expressa uma concepção em que ganham força os processos implicados nas interações entre bebês e crianças pequenas. Ela concebe também as crianças como parceiros de desenvolvimento, como fontes de conhecimentos diversos sobre o mundo e sobre si mesmos, como companheiros de experiências sensoriais, emocionais, estéticas, cognitivas e de exercício do poder diferentes daquelas compartilhadas com adultos. Assim, no caso da Educação Infantil do campo, os processos de "enturmação" podem nos fazer questionar lógicas tradicionais nos marcos teóricos do conhecimento sobre a infância e outros arranjos etários poderiam ser encontrados.

As regulamentações nacionais gerais da Educação Infantil dão liberdade para agrupamentos diversos. Ela está calcada no reconhecimento das possibilidades de cada creche/pré-escola realizar, no exercício de sua autonomia, as escolhas pedagógicas de seu projeto educacional. Assim a Educação Infantil, tendo as brincadeiras como eixo central das ações pedagógicas, pode realizar processos de agrupamento mais flexíveis do que aqueles níveis que se organizam em torno de aprendizados sequenciados, de conteúdos disciplinares encadeados.

Contudo, esses arranjos não podem ser alternativas que se tornam facilmente mecanismos de precarização do atendimento ao direito à Educação Infantil. Essa escolha deve ser estritamente pedagógica e os recursos devem ser destinados *a posteriori* para isso e não o contrário, como se verifica na prática em que, a partir dos recursos escassos, são estabelecidos os critérios para a organização de turmas. Eles também não podem ser estabelecidos como regras e seu uso deve ser feito a partir da sensibilidade dos sistemas de ensino em ler a sua realidade, compreender suas necessidades e construir uma proposta pedagógica clara que acompanhe e avalie inclusive as formas de organização de turmas que sejam mais bem aproveitadas pelas crianças.

Cabe dizer que, para que haja um trabalho com uma turma de organização multietária, por exemplo, é preciso que o professor ou a professora tenha habilidade de atuar com os meninos e as meninas em momentos diferentes do desenvolvimento. Requer ainda criatividade para deixá-los envolvidos nas atividades em grupo. O trabalho em turmas multietárias exige, portanto, um processo específico de formação continuada e de apoio pedagógico ao professor ou à professora para um bom aproveitamento dos projetos realizados com o grupo de crianças. Nesse caso, a organização espacial e o planejamento das atividades e dos tempos precisam ser muito bem elaborados, com intencionalidades bem definidas.

Nesse trabalho, várias metodologias podem ser aplicadas, mas de modo geral, exige-se maior habilidade do(a) professor(a) e, portanto, é mais dificilmente aproveitado quando não há suporte pedagógico adequado. As trocas de experiências com outros profissionais da Educação auxiliam no arejamento e constante renovação de ideias para realização de atividades com turmas assim organizadas. Independentemente dos modos de agrupamento de crianças, pode-se pensar em processos de formação continuada de professores(as) com outras creches/pré-escolas do campo, em uma articulação que favoreça troca de experiências e acompanhamento pedagógico.

Para a criança da Educação Infantil, estar em uma turma multietária, desde que muito bem estruturada, pode ser uma oportunidade de enfrentar os desafios ao seu desenvolvimento integral (cognitivo, social, afetivo, físico e psicológico). Na interação com crianças um pouco mais velhas, alguns detalhes no andar, no falar, no lidar com as emoções, ou até para a compreensão do mundo, podem ser desenvolvidos mais facilmente. Diversos papéis são desenvolvidos pelas crianças em interação em diferentes momentos do desenvolvimento.

Vale dizer, finalmente, que toda criança, mesmo que esteja em áreas em que não haja outras crianças a ponto de constituir uma turma ou com concentração bem pequena de crianças de até seis anos de idade, tem direito à Educação Infantil. O poder público deverá encontrar formas de responder a esse direito, caso seja demandado pela família.

Atividades

1) Na Educação Infantil do campo de seu município:
a) Como é feito o agrupamento das crianças?
b) Quais as bases pedagógicas para essa enturmação? Quais são os autores e teóricos de referência para essa forma de agrupar as crianças?
c) As crianças estão se beneficiando dessa forma de enturmar? Por quê? Como? Que indícios temos para responder a essas questões?

2) Nas creches e pré-escolas do município, existem turmas divididas por idade? E agrupamentos multietários? Para cada uma delas:
a) Qual a metodologia empregada para a organização do espaço, do tempo e das atividades?
b) Ocorrem atividades em grupo?
c) Como são formados os grupos?
d) Ocorrem atividades entre grupos etários diversos em certos horários?

Orientações Curriculares para a Educação Infantil do Campo

Construir peças de argila, brincar com sagu colorido, preparar o suco do lanche, construir brinquedos e instrumentos sonoros com produtos naturais, esculpir em frutas, preparar e ambientar os espaços para as atividades, construir cabanas com tecidos e folhas embaixo de árvores ou cantinhos descobertos pelas crianças, dispor de elementos na contação de história que viabilize o jogo dramático da tradição local, disponibilizar roupas e acessórios de personagens regionais, conhecer fontes e nascentes, podem compor projetos na organização do tempo com as crianças mobilizando grupos de mesma idade, mas também de diferentes idades, com planejamentos diferenciados que potencializam as ações e as particularidades das crianças de diferentes idades. (SILVA, Ana Paula Soares da; PASUCH, Jaqueline. Orientações curriculares para a Educação Infantil do Campo. In: SEMINÁRIO NACIONAL: CURRÍCULO , 1., 2010. *Anais...* Belo Horizonte, 2010. Disponível em: <http://portal.mec.gov.br/index.php?Itemid=&gid=6675&option=com_docman&task=doc_download> Acesso em: 5 jan. 2012).

3) Você conhece alguma escola de seu município ou da região com turmas com crianças de diferentes idades? Em caso positivo, que tal propor a discussão das condições implicadas nessa organização como um espaço de formação para os professores e as professoras da rede municipal?

Leituras importantes

ANTUNES-ROCHA, Maria Isabel; HAGE, Salomão Mufarrej (Orgs.). *Escola de direito*: reinventando a escola multisseriada. Belo Horizonte: Autêntica, 2010. Disponível em: http://www.gepec.ufscar.br/textos-1/ teses-dissertacoes-e-tccs/escola-de-direito-reinventando -a-escola-multisseriada/at_download/file. Acesso em: 29 dez. 2011.

FERRI, Cássia. *Classes multisseriadas*: que espaço escolar é esse? 1994. Dissertação (Mestrado em Educação). Programa de Pós-Graduação em Educação, Universidade Federal de Santa Catarina, Santa Catarina, 1994. Disponível em: http://www.gepec.ufscar.br/ textos-1/teses-dissertacoes-e-tccs/classes-multisseriadas-que-espaco-escolar-e-esse/at_download/file. Acesso em: 29 dez. 2011.

TOLEDO, Maria Cristina Moiana de. *O malabarista*: um estudo sobre o professor de sala multisseriada por meio do município de Jussara (GO). 2005. Dissertação (Mestrado em Educação). Pontifícia Universidade Católica de Goiás, Goiânia, 2005.

Capítulo V

CULTURA E PRODUÇÃO LOCAL COMO INSTRUMENTOS DO TRABALHO PEDAGÓGICO

Cultura e produção local como instrumentos do trabalho pedagógico

Entre os princípios da Educação Infantil do campo, estão presentes:

- o acesso aos recursos da comunidade, da sociedade e de seu grupo cultural;
- o desenvolvimento de uma identidade positiva da criança com seu grupo e consigo mesma, não sofrendo processos de discriminação de qualquer ordem;
- as possibilidades de interações significativas com o conhecimento cotidiano, científico, tecnológico, artístico da sociedade e do seu grupo cultural.

Atreladas a essas concepções, discutiremos as possibilidades de compreender o fazer pedagógico por meio de atividades que valorizem a cultura e a produção local como um dos princípios norteadores da Educação Infantil do campo. Mas como a Educação Infantil pode atuar na valorização e na exploração das experiências locais do campo?

Uma das peculiaridades da Educação Infantil como etapa da Educação Básica é que geralmente as crianças, quando são inseridas nesse contexto, passam por uma modificação, substancial às vezes, em seus tempos, o que muitas vezes repercute também na rotina

Adoção do modelo urbanocêntrico

A pesquisa de doutorado de Ilma Machado evidenciou, entre outros aspectos, o fato de que as propostas de Educação Infantil inseridas em escolas do campo costumam adotar o modelo pautado no modo de vida urbano e nas questões urbanas, em que se busca a padronização do conhecimento dos estudantes. Na pesquisa de mestrado de Fabiana Lima: *Cotidiano em uma escola rural: representações de uma comunidade escolar* (Universidade Federal de Viçosa, 2008), por meio de um estudo de caso de tipo etnográfico, procurou-se também analisar as práticas pedagógicas docentes e suas relações em seu dia a dia com o espaço rural, para assim, compreender as particularidades ou especificidades dessa escola em suas relações com o contexto local. Sua pesquisa concluiu que, apesar de a escola estar localizada na zona rural, é tratada pelos docentes como uma escola urbana.

de toda a família, que necessita de novas organizações do cotidiano. Por vezes, até a entrada na creche/pré-escola, a criança teve um reduzido número de parceiros de interação. Portanto, o papel da Educação Infantil no momento de entrada da criança na instituição, assim como o modo como a creche/pré-escola o assume, é muito importante para estabelecer as relações dessas novas organizações.

Desde esse momento, de acordo com a relação entre o papel assumido pela Educação Infantil e a organização familiar, a rotina da criança é construída e o desenvolvimento local pode ser facilitado, tendo em vista que o modo como se organiza o cotidiano dos bebês e das crianças pequenas é intimamente relacionado ao cotidiano dos afazeres da comunidade e da família. Assim, a instituição de Educação Infantil do campo pode ser um território de possibilidades para o desenvolvimento local.

A partir dessa compreensão, as oportunidades de valorização da cultura e produção local são determinantes e podem ocorrer por meio de projetos de integração entre a instituição e a comunidade e, principalmente, as famílias. Considerar a comunidade rural na construção da proposta pedagógica da instituição de Educação Infantil permite que sejam potencializados os processos de valorização da cultura local e de desenvolvimento social.

Muitas instituições que têm sido investigadas adotam modelos que são extremamente padronizados, não se dedicam a estabelecer relações de proximidade com a comunidade local e são pouco sensíveis às características das famílias. Essa sensibilidade pode

estar também presente no cotidiano das ações desenvolvidas com as crianças.

Em uma de nossas pesquisas, registramos uma situação bastante simples, mas que pode retratar esse aspecto. Vejam o trecho descrito a seguir.

Retornamos para a sala de referência e a atividade de mimeógrafo continuou, tendo na sequência outra folhinha cujo objetivo era colocar nome das figuras que começam com A: abacate.
– De que cor é o abacate? – perguntou a professora.
– Depende – respondeu Emília. – Maduro? Ele é um pouco verde mesmo assim.
A professora deu risada, olhou pra mim e apenas disse:
– Ei, Emília!
(Diário de Campo, trecho de observação em uma turma de pré-escola com crianças de quatro e cinco anos em assentamento rural.)

Na ocasião, o apontamento de Emília passou despercebido e as crianças continuaram realizando a atividade, esforçando-se por conseguir preencher as letras da folha. Ela expressou uma compreensão para além da padronização do verde, demonstrou conhecer as diversas fases do crescimento do abacate e, portanto, também os diferentes e possíveis tons que ele ou outro elemento natural vai assumindo, enfim, suas transformações.

Na Educação Infantil das crianças do campo, a cre-
che/pré-escola pode assumir diversas significações, desde
um espaço de descobertas sobre o próprio mundo, por
meio das brincadeiras e experimentação de sensações, atreladas ao conhecimento produzido pela humanidade e
sua comunidade, até como um lugar de submissão da
infância aos processos escolarizantes e externos à realidade rural, negando-a como espaço de vida.

As interações entre professores(as) e crianças, família e creche/pré-escola, crianças e crianças, considerando
as tessituras simbólicas do contexto cultural e social
em que ocorrem, são a microgênese dos processos

de significações. A creche/pré-escola, compreendida não só como o espaço físico, mas também como a equipe educacional e todo o universo semiótico que a compõe, constitui-se como significativamente importante na construção de espaços e atividades que permitam às crianças ampliar as potencialidades de seu desenvolvimento e a apropriação da cultura de nossa sociedade, tanto local como geral.

A partir da concepção vigotskiana de que os processos de aprendizagem são mediados pelo outro e situados em contextos históricos, políticos e culturais, os profissionais da Educação e da Educação Infantil do campo podem ser considerados, além de integrados e em desenvolvimento nesse contexto, também como agentes potencializadores da mediação simbólica criança-mundo e da apropriação pela criança dessa totalidade simbólica.

A proposta pedagógica da Educação do Campo é organicamente vinculada à comunidade e à valorização de seus saberes. Para a Educação Infantil do campo, trata-se, portanto, de um instrumento para auxiliar o rico desenvolvimento da criança em um momento da vida em que são intensos os processos de identificação e diferenciação com outras pessoas e grupos sociais, étnicos, etários, de gênero e de classe.

Segundo Ana Paula Soares da Silva (2010, p. 96), diversos estudos da Psicologia apontam que a "construção do eu" ou do "sentimento de si" nas sociedades ocidentais ocorre como um processo relativamente longo.

CULTURA E PRODUÇÃO LOCAL COMO INSTRUMENTOS DO TRABALHO PEDAGÓGICO

> "As evidências dessa construção são percebidas, inicialmente, por volta dos 18 meses de idade, quando a maioria das crianças, em frente ao espelho, já é capaz de perceber a própria imagem como distinta das outras. Posteriormente, evidencia-se no uso da linguagem oral, quando a criança se refere pelo próprio nome e, mais tarde, passa a referir-se por meio do pronome na primeira pessoa do singular (eu) e do pronome oblíquo reflexivo (mim, me)."

O sentimento de que somos distintos dos outros e de que, ao mesmo tempo, somos a mesma pessoa, apesar de todas as mudanças físicas e sociais que ocorrem conosco ao longo de nossa vida, é, portanto, construído no processo de desenvolvimento.

Novamente, Wallon ajuda-nos a entender que esse processo é relacional e coletivo, dependente do "outro" e da mediação que esse "outro" faz da relação da criança com ela mesma e com o mundo, em um permanente movimento de diferenciação e identificação com parceiros.

Essa perspectiva relacional não coloca o processo no interior do indivíduo, mas estende-o para o meio e requer compreender o "outro" como parte do "eu". Por vezes, na Educação Infantil, trabalhamos com os chamados projetos "quem sou eu". Contudo, é necessário compreender que, nesse caso, necessariamente trabalhamos também "quem é o outro", e o inverso também é verdadeiro. Nos nossos projetos que trabalham a relação da criança com ela mesma estamos trabalhando as relações sociais constituídas historicamente. Isso nos remete a uma responsabilidade no sentido de explicitar, para a própria criança, as formas de mediação historicamente construídas de relação "eu-outro" em nossa sociedade, confirmando-as ou questionando-as.

Se as práticas dos(as) professores(as) constituem zonas de possibilidades de construção do "eu" elas constituem também zonas de possibilidades de construção do "outro". Para Wallon, esse "outro", no processo de desenvolvimento, vai sendo classificado, categorizado pela criança a partir da identificação de grupos de pessoas com características comuns. Assim, as narrativas e as descrições de si mesmas que provocamos às crianças não são originárias na própria criança e não se referem apenas a indivíduos isolados. Não podem ser vistas assim como resultado meramente de características individuais de crianças e professores(as). Temos de considerar a presença do *outro* nessas produções, nessas compreensões do próprio eu de cada um.

Segundo o autor, "cada um se mede por comparação não a outros indivíduos como tais, mas a indivíduos pertencentes a uma categoria determinada" (1986, p. 158), do campo, da cidade, meninos, meninas, negros, brancos, ricos, pobres, crianças, jovens, velhos.

Essas construções se dão, para nós, a partir de uma matriz sócio-histórica de base capitalista, que atribui valores, distinções e poderes diferenciados a tudo que existe. No caso das comunidades moradoras nos territórios rurais, aspectos de preconceito e de valoração negativa são fortemente relatados em diversas pesquisas nacionais e, dessa forma, estão mediando as relações de suas crianças com elas mesmas e com seus grupos.

Na pesquisa de mestrado de Regiane Sbroion de Carvalho, que investigou formas de participação da criança de periferia urbana e de um assentamento rural vinculado ao Movimento dos Trabalhadores Rurais Sem Terra (MST), aparecem relatos de vivência de preconceito na fala de uma menina de nove anos. Sua fala evidencia os significados sociais dirigidos a ela como membro do MST. Esses significados são vivenciados no cotidiano da criança na escola em que estuda, nesse caso, localizada na cidade. Um dos trechos destacados na dissertação apresenta a seguinte situação:

> **Daniela:** *Ah, uma coisa de quando vai lá, é ficar tudo com o pé sujo lá na escola, e as meninas* zuam...
> **Regiane:** *E você acha isso ruim?*
> **Daniela:** *É, as meninas ficam lá, tudo limpinhas, aí: "Ai, credo, sem-terra, não toma banho".*
> **Regiane:** *E que que você fala?*
> **Daniela:** *Eu nem ligo, não fico mexendo, não... nem ligo...*
> **Regiane:** *Mas você fica triste quando elas falam isso?*
> **Daniela:** *(sinal afirmativo com a cabeça.)*
> *[...]*
> **Regiane:** *Por que você acha que ela fala isso (referindo--se a uma das meninas que "zoam" com ela)?*
> **Daniela:** *Eu não sei, por causa que ela não gosta de sem-terra.*
> **Regiane:** *Por que será que ela não gosta de sem-terra?*
> **Daniela:** *Não sei, eu acho que ela... que é por causa que é... fala que sem-terra não toma banho. Sem--terra toma banho sim! Quem não toma banho é porque ninguém quer... Quem não toma banho é porque não quer. Por causa que tem água suficiente aqui... Até nós, que é em* onze *lá em casa, tem água e ainda sobra... ainda pra nós tomar* banho. *Nós podemos tomar banho no rio, nós podemos tomar*

> *banho em água do [nome do departamento de água e esgoto do município]. [...]*
> ***Daniela:*** *Porque ela nunca veio aqui pra saber...*
> ***Regiane:*** *Porque, se ela viesse aqui...*
> ***Daniela:*** *Se ela viesse aqui, ela não ia zuar mais ninguém.*
> ***Regiane:*** *Por que que você acha?*
> ***Daniela:*** *Ela ia ver o rio... Ela ia ver todo mundo limpo, aqui... Ela fala assim, que sem-terra passa fome. Não passa! Ela fala que passa fome, mas eu acho que não passa não... É, porque ela nunca veio aqui, porque quando ela vir aqui, ela vai ficar de boca aberta... Por causa (ri ansiosamente e cobre o rosto com as mãos) Ah, é por causa que ela fala, ela vai lá e fala: "Ah, não toma banho, sem--terra não toma banho". Daí ela vem aqui: "Ah, eles tomam banho sim...".*
> (Entrevista, linhas 1649 a 1702.)

Daniela tenta lidar com o preconceito afirmando-se na condição de sem-terra e apontando o não conhecimento de sua realidade por parte da outra menina. De sua experiência, ela nos convida a conhecer essa realidade e somente a partir daí sermos autorizados a emitir qualquer opinião sobre o seu mundo.

Práticas educativas que valorizem a comunidade valorizam também a criança e colaboram para processos de construção de identidade positiva dela consigo mesma e com seu grupo. São práticas pautadas em princípios éticos, democráticos, comprometidas com a construção de subjetividades e sociabilidades, enfim, de novas formas de relações humanas.

Sendo assim, inserir na proposta pedagógica da Educação Infantil do campo fazeres relacionados aos elementos culturais e de produção local contribui ao desenvolvimento da criança em sua relação com

CULTURA E PRODUÇÃO LOCAL COMO INSTRUMENTOS DO TRABALHO PEDAGÓGICO

a comunidade na qual está inserida, o que contribui para o fortalecimento da autoestima, da identidade cultural e de sentimentos positivos com relação ao local em que vive.

O trabalho com projetos de pesquisa sobre elementos históricos, culturais, ambientais e de produção da comunidade, realizados com as crianças, por exemplo, pode contribuir para a valorização de seu contexto de vida. Trabalhar com imagens da própria localidade e produções locais, seja de artistas, seja de objetos de uso comum característicos da região, pode contribuir para o senso de estética das crianças vinculado à construção identitária com a comunidade em que vivem. Além disso, é importante refletirmos sobre como as populações rurais atendidas pela instituição participam de sua dinâmica, de seu dia a dia.

Essas são questões relevantes se quisermos pensar de que modo a Educação Infantil está se inserindo no seio da comunidade rural, considerando que se trata de uma instituição com papel mediador entre a criança, sua comunidade e o mundo para além dela.

É importante considerar que a criação de projetos para a Educação Infantil do campo exige um processo de reflexão sobre a intencionalidade do fazer. Portanto, devemos sempre pensar quais são os aspectos do cotidiano local que podem estar envolvidos na proposta pedagógica, esmiuçando-os sempre que possível, até para podermos avaliar ao final do processo a intensidade com que cada elemento da concretude local foi trabalhada e recebida pelas

Desafios da contextualização pedagógica

É preciso analisar as possibilidades que a creche/pré-escola tem e pode oferecer na relação com os diversos elementos das experiências concretas para a realização de atividades que façam sentido para as crianças e que promovam seu desenvolvimento de maneira integral. No estudo *Efeito da escola e indicadores psicossociais: uma abordagem com dados da Pesquisa Nacional da Educação na Reforma Agrária*, realizado por Liliane L. N. A. Oliveira (Universidade de Brasília, 2009), em que a pesquisadora acompanhou uma escola que atendia a todas as etapas da Educação Básica (da Pré-Escola ao Ensino Médio), as crianças possuíam pouca disposição em participar das atividades agrícolas que faziam parte do currículo escolar. Segundo a pesquisadora, para eles, estar na instituição educacional tinha de ser diferente do que viviam fora dela, algo como que o descanso do trabalho da roça, que faz parte do cotidiano dessas crianças desde muito cedo. Considerando as problematizações apresentadas por esse estudo, é importante compreender como e por que a contextualização das atividades deve ser aplicada nos processos pedagógicos de uma instituição educacional em suas especificidades, neste caso, de pertencer a um assentamento rural.

crianças. Esses aspectos, quando desenvolvidos em projetos integrados na creche/pré-escola, podem oferecer oportunidades interessantes para as crianças em relação ao seu desenvolvimento integral, por exemplo, relacionado ao sentimento de pertença à comunidade em que vivem.

É importante considerarmos também as produções culturais realizadas pelas próprias crianças. Nossas pesquisas têm demonstrado a riqueza de experiências que as crianças têm para contar suas narrativas, suas habilidades nos contextos de seu cotidiano rural e ao mesmo tempo as dicotomias entre esse universo de desejos e vivências e as expectativas dos adultos. Portanto, vislumbra-se a necessidade de considerar os detalhes das vivências contadas pelas crianças.

Embora os elementos culturais e da produção local sejam relacionados e, quando trabalhamos com projetos integrados, buscamos exatamente evitar a fragmentação das ações e das vivências culturais das crianças, elencaremos aqui alguns fazeres da Educação Infantil como forma de ilustrar as infinitas possibilidades de trabalho "a partir da" e "na" cultura, considerando-os na concretude das práticas e na integração com a produção cultural da comunidade na proposta pedagógica da Educação Infantil.

Como elementos culturais da comunidade, podemos destacar, por exemplo, as festas, as histórias, os artesanatos produzidos na localidade ou na região, os modos como são construídos os meios de transporte, as formas, cores e traçados de barcos e carroças, a culinária típica do local, as formas de produção de alimento, as cantigas, os brinquedos, entre

CULTURA E PRODUÇÃO LOCAL COMO INSTRUMENTOS DO TRABALHO PEDAGÓGICO

outros. Além disso, os modos de se relacionar com a terra, os rios, a natureza, as montanhas, as grutas, as cachoeiras, as várzeas, os mangues etc., assim como a relação com os ciclos das águas, das chuvas, da estiagem, por exemplo, também podem ser vinculados a elementos culturais para serem explorados nos projetos com as crianças.

As atividades plásticas realizadas com os bebês e as crianças pequenas podem ser desenvolvidas visando tanto à contemplação de itens já prontos, trazidos pelos profissionais da creche/pré-escola ou por membros da comunidade ou ainda pelas próprias crianças quanto à produção criativa sobre itens da cultura local, por exemplo: barcos, carroças, artesanatos (utensílios de trabalho e domésticos, por exemplo, redes, panelas, utensílios da produção de extratos naturais ou culturas artesanais etc.), esculturas, pinturas, desenhos.

Com os bebês, podem ser desenvolvidas, por exemplo, propostas relacionadas ao manuseio de diversas texturas, com uso de materiais locais, além dos materiais disponíveis na sociedade em geral. Além disso, como valorização estética da cultura e produção local, os materiais produzidos pela comunidade, crianças, familiares, outros membros e a própria equipe, podem ser utilizados na composição dos ambientes da creche/pré-escola, tornando o visual mais alegre, descontraído e cultivando o hábito da admiração e contemplação de trabalhos artísticos e culturais locais. Essa ambientação cria referências e marcas identitárias das crianças com a creche/pré-escola como espaço vivo na relação com sua cultura.

Nos fazeres literários da Educação Infantil do campo, podem ser agregados, por exemplo, elementos que visam a observação e produção de obras sobre histórias locais (das crianças e dos adultos/idosos), por meio de desenho e escrita, dramatização, fotografia, videogravação, entre outras formas de linguagem. Com os bebês e crianças bem pequenas, pode-se pensar no uso corrente da contação de histórias locais e no trabalho com livros para as crianças que relatem histórias relacionadas ao campo, adicionados às obras que trazem histórias nacionais e internacionais.

Aspectos da culinária também podem ser explorados, em uma relação que articula o conhecimento e a vivência de como a cultura local planta seus alimentos, prepara seus pratos, organiza as horas de refeição. Essas formas podem ser relacionadas a outras culturas e outros modos de plantar, preparar e servir alimentos. A equipe de uma instituição de Educação Infantil do campo tem a oportunidade de realizar projetos que envolvam, por exemplo, o acompanhamento do desenvolvimento de alguma plantação, a feitura de alguma comida típica da comunidade, nos quais se pode deixar os bem pequenos à vontade para explorar a textura, o gosto, a consistência etc. Com os maiores, esses projetos podem ser integrados a outras linguagens como a exploração de estilos de textos como instruções e roteiros de receita, medidas diversas, tipos de ingredientes, propriedades classificatórias, os procedimentos realizados que levam a diferentes resultados, entre outros temas.

Alguns elementos que, por exemplo, também podem contribuir para trabalhar com a valorização da produção local estão relacionados às agriculturas locais, à pesca, ao extrativismo, aos processos de cultivo e colheita/extração, aos tempos da produção, das águas e da estiagem, à criação de animais, seja para subsistência, como currais, pomares e hortas próximos a casa, e também para produção de derivados ou venda para abate, relacionada à produção econômica. Além disso, podemos considerar as relações entre a produção local e o território natural, a natureza local, na compreensão dos cuidados com relação ao meio ambiente diretamente presente na vida da comunidade.

Pensar a programação pedagógica desse modo significa que os sistemas e os profissionais precisam conhecer muito bem os tempos, os produtos e as formas de produção econômica daquela comunidade a fim de torná-los instrumentos de sua ação.

Por fim, queremos destacar a valorização cultural em relação às brincadeiras que, sendo um dos eixos da ação pedagógica, é compreendido como elemento cultural cotidiano na Educação Infantil. As possibilidades que elas oferecem aos profissionais de interagir com as crianças a partir de seus mundos e de suas demandas entrelaçam-se com as possibilidades de conhecer e valorizar aspectos da comunidade local.

Segundo o estudo Ruim é copiar, é escrever: a escola para as crianças assentadas (*Revista Acolhendo a Alfabetização nos Países de Língua Portuguesa* [Acoalfaplp], 2010), realizado em assentamentos da reforma agrária com crianças em idade escolar a partir dos quatro anos de idade, o brincar caracterizou-se como um espaço restrito ao recreio, às aulas de Educação Física ou ao percurso do ônibus escolar. As autoras Giana Yamin e Roseli Mello notaram uma valorização do processo de alfabetização. A escola é compreendida pelas crianças como um espaço onde devem obedecer às ordens das professoras, esperando sentadas pelas atividades que devem copiar, mas ao mesmo tempo como um espaço que permite ficar longe dos afazeres de casa e do lote da família, em que as brincadeiras eram realizadas isoladamente, com pequeno grupo de pares e bastante vinculadas aos objetos do contexto e ao tempo de trabalho dos adultos.

Tese de doutorado de Sônia Regina dos Santos Teixeira, intitulada *A construção de significados nas brincadeiras de faz de conta por crianças de uma turma de Educação Infantil ribeirinha da Amazônia* (Universidade Federal do Pará, 2009).

A pesquisadora Sônia Regina dos Santos Teixeira acompanhou o trabalho de uma professora de pré-escola que valorizava bastante as brincadeiras de faz de conta das crianças, participando delas. Um dos relatos de sua pesquisa demonstrou a ocorrência de uma brincadeira no chamado terreiro, um quintal, situado na pré-escola ribeirinha. Segundo a pesquisadora, depois da brincadeira, a professora pediu às crianças que voltassem para a sala de referência, levando os brinquedos com que brincaram no terreiro, a maioria elementos apropriados do entorno da instituição e que eram ressignificados durante as brincadeiras. Um deles foi a criação de "cavalos" feitos com as palhas de miriti e de açaizeiro. Na sala, a professora conversava com as crianças sobre o que elas encontraram no terreiro para brincar, quais brincadeiras realizaram e com quem elas brincaram. Depois, ela aproveitou o tema para trabalhar noções de letramento e reprodução artística com as crianças.

A pesquisa de Sônia revelou outras brincadeiras realizadas pelas crianças ribeirinhas e que estão intrinsecamente relacionadas ao contexto cultural em que estão inseridas, entre elas: brincando de vender frutas, de assar peixe, de barco, de dar vacina, de balsa, de comer, de caçar, de ônibus, de consertar a "voadeira" (parte de barco típico da cultura ribeirinha). Segundo a pesquisa, nessas brincadeiras, a professora pôde proporcionar às crianças momentos em que valorizou tanto a cultura local como os adultos do lugar como produtores de cultura, ampliou o conhecimento delas a respeito da relação com a professora e os outros, proporcionando vivências afetivas significativas. Além disso, em alguns momentos de brincadeiras, a professora pôde fortalecer a autoestima das crianças, mostrando que estava interessada na produção delas.

Os exemplos extraídos da atuação da professora acompanhada na tese de doutorado de Sônia demonstram que a brincadeira, principalmente a brincadeira de faz de conta, configura-se como um microcosmo da cultura. Compreendida como a grande forma de expressão das crianças, ela permite aos(às) professores(as), quando dela participam direta ou indiretamente, demonstrar a valorização e o cuidado com a cultura e a produção local.

Partindo da concretude das relações de brincadeira estabelecidas pelas crianças e de aspectos naturais locais que possuem significado no cotidiano, a professora presente no relato anterior introduziu novas possibilidades de interação com os objetos e com uma parte do conhecimento formalizado sobre eles. Podemos, a partir disso, nos perguntar sobre as possibilidades de que a brincadeira de faz de conta, explorada e mediada pela professora, possa ter contribuído para a apropriação territorial da pré--escola pelas crianças.

Para os profissionais da creche/pré-escola, a brincadeira de faz de conta é uma oportunidade de se aproximarem da realidade concreta das crianças, conhecerem elementos do cotidiano de sua comunidade, o que colabora para a construção da identidade da criança do campo. De toda forma, qualquer projeto que se proponha a uma relação orgânica com a vida na comunidade, a fim de estabelecer as pontes entre essa localidade, a vida e os elementos de produção da humanidade, necessita partir da escuta das crianças e das famílias.

Na Educação Infantil do campo é necessário:

- Que os bebês e as crianças pequenas sejam incentivados na sua curiosidade a serem pesquisadores sobre a própria comunidade, sobre os elementos da natureza local e do entorno da creche/pré-escola e sobre as relações entre esses aspectos específicos e a região e/ou a sociedade em geral.
- Reconhecer que a família e membros da comunidade possuem um patrimônio importante para a ação pedagógica, que podem ser partilhados se for permitido que entrem no diálogo entre os saberes das crianças e dos(as) professores(as). A interação entre a Educação Infantil e a comunidade auxilia amplamente no trabalho pedagógico, independentemente de ser uma escola do campo. Entretanto, por ser uma instituição de Educação Infantil do campo, tem a especificidade de promover o desenvolvimento integral das crianças integrado ao desenvolvimento local do campo.
- Que a valorização da cultura e produção local esteja articulada a uma proposta que entenda as dinâmicas relações entre o campo e a cidade, em que haja troca de saberes e não submissão ou hierarquização econômica e/ou cultural. Para isso, a equipe de Educação Infantil e os gestores podem pensar momentos em que as crianças e adultos da cidade interajam com as crianças e adultos do campo,

promovendo experiências, diálogos e apresentações sobre elementos, como as produções e os territórios, do cotidiano de cada um, por meio de passeios coletivos, exposições culturais, eventos inter-regionais ou mesmo a promoção e/ou divulgação de festas das populações do campo, por exemplo. Propostas como essas ou a simples realização das atividades no espaço da cidade ou na área rural, de forma alternada, auxiliam as crianças do campo e da cidade tanto na apropriação de elementos culturais gerais como na valorização dos elementos da própria localidade.

Como qualquer processo de aprendizagem define-se por meio de métodos que estimulem e envolvam as crianças no aprender, é importante contextualizar o aprendizado considerando os elementos de seu cotidiano específico ou práticas gerais, e envolver a curiosidade das crianças no processo de conhecer o mundo a sua volta e o mundo mais distante.

Atividades

1) Faça o seguinte exercício: se tivesse de contar para alguém distante como é o seu trabalho na Educação Infantil, como descreveria as crianças que atende, a comunidade da qual participam e as particularidades de seu trabalho?

2) Sugerimos que façam esse exercício individualmente e depois, em grupo, compartilhem os relatos individuais para discussão sobre o tema: "O que

conhecemos da realidade concreta de nossas crianças do campo?".

Leituras importantes

LACERDA, Patrícia Monteiro. *A infância no centro da roda*: um programa de formação para educadores infantis integrado ao desenvolvimento comunitário rural. São Paulo: Fundação Abrinq, 2007. Disponível em: http://educampoparaense.eform.net.br /site/media/biblioteca/pdf/Educacao%20Infantil% 20no%20campo.pdf. Acesso em: 30 dez. 2011.

LIMA, Elmo de Souza. A formação docente e o diálogo com a cultura local. In: CONGRESSO INTERNACIONAL DA AFIRSE (ASSOCIAÇÃO FRANCOFONE INTERNACIONAL DE PESQUISA CIENTÍFICA EM EDUCAÇÃO), 2009, João Pessoa. Disponível em: http://www.educacaonosemiarido. xpg.com.br/Formacao%20docente%20e%20cultura %20local.pdf. Acesso em: 30 dez. 2011.

ROGÉRIO, Cristiane. *Bebês do Brasil*: fotos e histórias de 27 crianças que mostram a cara do Brasil. Tradução de Robert Collins. São Paulo: Globo/Unicef, 2007.

SILVA, Ana Paula Soares da. Supervisão II – Muitos olhares: a construção de identidades e de sujeitos na Educação Infantil. In: MELLO, Ana Maria e cols. *O dia a dia das creches e pré-escolas*. Porto Alegre: Artmed, 2010.

Capítulo VI

UM CURRÍCULO VOLTADO PARA UM MEIO AMBIENTE ECOLOGICAMENTE EQUILIBRADO

Um currículo voltado para um meio ambiente ecologicamente equilibrado

[...] A proposta pedagógica das instituições de Educação Infantil deve garantir que elas cumpram plenamente sua função sociopolítica e pedagógica [...] construindo novas formas de sociabilidade e de subjetividade comprometidas com a ludicidade, a democracia, a sustentabilidade do planeta e com o rompimento de relações de dominação etária, socioeconômica, étnico-racial, de gênero, regional, linguística e religiosa.

Esse trecho foi extraído do artigo 7º das Diretrizes Curriculares Nacionais da Educação Infantil (Resolução CNE/CEB nº 5/2009). Situa-se no contexto de definição da "função sociopolítica e pedagógica" das creches e pré-escolas e nos remete a um dos cinco incisos que conformam a amplitude dessa função, quer seja, o da construção de novas formas de sociabilidade e subjetividade. Os outros quatro dizem respeito:

- ao oferecimento às crianças de condições para o exercício dos direitos;
- à complementaridade às ações da família;
- à promoção da ampliação de interações e saberes;
- à igualdade de oportunidades e equidade.

Os cinco elementos da função sociopolítica e pedagógica precisam ser cumpridos simultaneamente a fim de que ela seja efetivada em sua plenitude. O que as diretrizes fazem, na verdade, é expandir a finalidade da Educação Infantil incorporando aspectos para além da promoção do desenvolvimento integral e do compartilhamento com a família, definidos na Lei de Diretrizes e Bases da Educação Nacional de 1996.

A preocupação em incluir a construção de novas formas de relações humanas, na função sociopolítica e pedagógica das creches e pré-escolas, parte de algumas constatações e posicionamentos:

- Os processos vividos nas creches/pré-escolas são sempre formadores de subjetividades e sociabilidades, sejamos ou não conscientes disso.
- As formas de sociabilidade são permeadas e mediadas por relações de dominação estabelecidas, por exemplo, entre homens e mulheres, adultos e crianças, negros e brancos, ricos e pobres, indígenas e não indígenas, seres humanos e natureza.
- Se não tomarmos consciência desses processos corremos o risco de atuarmos em conformidade com esses modos dominantes de sociabilidade e subjetividade.
- As creches/pré-escolas, como toda instituição educacional, têm papel fundamental na construção de sujeitos comprometidos com a construção de uma sociedade igualitária, democrática e orientada para a preservação da vida.

As questões ambientais na Educação Infantil inserem-se, portanto, nesse contexto e estão intrinsecamente relacionadas ao cumprimento de parte da função das creches/pré-escolas brasileiras. Essa temática, que vem

UM CURRÍCULO VOLTADO PARA UM MEIO AMBIENTE ECOLOGICAMENTE EQUILIBRADO

sendo bastante discutida nos demais níveis de ensino, precisa ser mais bem pautada e enfrentada na Educação Infantil. Nessa direção, a professora Lea Tiriba, da Universidade do Rio de Janeiro (Unirio), vem defendendo novas leituras sobre a infância e a relação com o meio ambiente. Em sua opinião, as crianças são simultaneamente seres de cultura e de natureza, ideia defendida em seu texto *Reinventando relações entre seres humanos e natureza nos espaços de Educação Infantil* (2007). Nesse trabalho, ela defende que a Educação Infantil poderia contribuir para interligar, religar a dimensão do humano como ser biológico perdida na modernidade por causa de uma lógica predominantemente racionalista.

Nossa matriz sócio-histórica, de base capitalista, desde muito cedo incentiva padrões de consumo incompatíveis com a preservação de recursos naturais. Ao contrário, o processo de expansão e de desenvolvimento atual promete a inclusão social por meio do consumo de bens diversos. Esse processo afeta as cidades, o campo, as florestas, as águas, a fauna e a flora, o clima, a biodiversidade e compromete as fontes de recursos naturais. Afeta o meio ambiente e nos afeta consequentemente como membros desse meio.

Disso deriva uma forma predominante de relação humana com a natureza marcada pelo distanciamento, pelo desrespeito, pela incapacidade de nos percebermos como parte do meio ambiente, como parte de um todo. Esse distanciamento se reflete nas nossas instituições educativas que, mesmo que se esforcem para lidar com as questões ambientais, geralmente as abordam como conteúdos e não como

Amazônia

Na Amazônia brasileira, por exemplo, o acesso a recursos naturais, livres e públicos, constituídos de áreas inundáveis, manguezais, várzeas, babaçuais, castanhais, lagos, matas, entre outros, distribuídos geograficamente em ecossistemas, que perfazem milhões de hectares, sempre foi a maneira natural das populações nativas e tradicionais produzirem suas subsistências. Entretanto, à medida que o interesse do capital é sobreposto ao interesse do coletivo, as interações com este espaço ambiental também se modificam, instalando-se o desrespeito, as ameaças e as expropriações. As populações infantis da Amazônia convivem em uma complexa rede de relações e mobilizações que são singulares aos territórios de pertencimento, como sujeitos do campo ou indígenas, quilombolas ou extrativistas, expressando a diversidade sociocultural de nosso país e suas relações ambientais.

instituintes de nossas práticas, dos processos educativos e, portanto, instituintes de novas formas de ser e estar no mundo, de conhecê-lo, de senti-lo e de nele intervir.

Geralmente a questão ambiental fica relegada a uma disciplina, a uma área de conhecimento, a um projeto específico e pontual. Não raro, vincula-se a saberes que precisam ser conhecidos racionalmente, objetivando uma mudança postural diante do mundo; enfim, relaciona-se frequentemente a um objeto de estudo e não a uma das dimensões do humano.

Esse tema deve ser visto como parte de um projeto de sociedade e de desenvolvimento, como uma das dimensões que compõem esse projeto, articulada às demais.

> Que zonas de construção de sujeitos possibilitamos em nossas práticas diárias quando a terra, a água, as folhas, o vento, o barro são interditados para as crianças? Que concepções de terra elas constroem quando sempre a associamos à sujeira? Quais sensações possibilitamos quando só trabalhamos com materiais industrializados, plastificados, padronizados e artificializados? Que relações com a vida e a morte são construídas quando não educamos os olhares e os sentidos para os processos naturais de concepção, germinação, de crescimento e de morte? Que percepções de cheiros aguçamos na relação de conhecimento de águas, plantas e animais, por exemplo?

A Educação Infantil do campo é rica em possibilidades de exploração da vivência com a natureza, em verdadeiros experimentos naturais. Artificialismos não são necessários. Quem não se lembra, nas escolas urbanas, do acompanhamento da germinação do arroz ou do feijão em potinhos descartáveis? Um artificialismo criado exatamente pela distância entre as pessoas e a produção da vida e dos alimentos. Tal distanciamento na Educação Infantil do campo pode ser menor. O campo, o pasto, a mata e floresta ao redor, o caminho das formigas, a caça, o aproveitamento dos animais mortos, as folhas secas transformando-se em novas vidas, os peixes e as águas, os recursos hídricos, enfim, essas questões podem estar ali presentes, próximas, disponíveis. Disponíveis estão os elementos que compõem a cadeia de produção e sustentação da vida.

Recortamos um trecho da pesquisa de mestrado de Juliana Bezzon da Silva, para voltarmos nosso olhar sobre as negociações que as crianças fazem sobre o que é permitido nessa relação com a natureza, com a vida de outros seres:

> Humberto me contou que a ponte que leva à roça do avô dele quebrou e que agora só havia uma tabuinha para passar. Eu disse:
> – É mesmo? Só uma tabuinha agora?
> E ele começou a falar sobre matar passarinhos. Disse que era crime matar passarinho e quem faz isso vai para a cadeia. Dudu emendou contando que, certa vez viu um passarinho que caiu na água e morreu. Eu perguntei se ele já tinha matado passarinho e ele disse:
> – Não, o passarinho perdeu o controle e caiu no rio. Ele tava lá na água, mas não morreu.
> E emendou dizendo que quem matava pintinho também ia pra cadeia. Humberto retrucou dizendo que pintinho podia matar, porque era frango, passarinho não. E Dudu reafirmou sua opinião de que pintinho não podia não.
> – Galinha pode.
> (Diário de Campo, trecho de observação de uma turma de pré-escola com crianças de quatro e cinco anos em um assentamento rural.)

O que se pode e o que não se pode matar, ou seja, a ética na relação com os animais e com as plantas tem uma significação intrínseca ao modo de vida da criança, à relação que seu grupo cultural estabelece com a terra, com as águas, com os animais, com os recursos florestais e hídricos. A creche/pré-escola, como lugar intencionalmente educativo, que porta uma concepção de Educação e de formação humana orientada pelos princípios da dignidade humana e da transformação social previstos na Constituição Federal de 1988, é parte importante no conjunto de experiências das crianças com as quais a questão ambiental possui relação estreita. Dignidade humana passa pela saudável qualidade de vida. Transformação social ocorre por processos de desenvolvimento em suas dimensões, também interligadas, econômica, política, cultural e ambiental.

A creche/pré-escola pode compartilhar com diferentes instituições e espaços experiências nessa direção. Explorar aspectos dos insetos e dos animais, do ruído das árvores na movimentação das folhas ao vento, tocar superfícies naturais, com espessuras diversas, sentir gostos e aromas são ações que apostam na possibilidade de estabelecimento, por parte da criança, de uma relação corporal e identitária melhor, mais orgânica com a natureza.

Organizar os espaços e a rotina da instituição de maneira a contribuir para a manutenção do equilíbrio ambiental também podem ser ações implantadas pelos profissionais da Educação. Por exemplo, a captação da água da chuva, a reciclagem de materiais, a reutilização de restos de alimentos para adubagem de jardins, hortas ou na criação de animais. Essas e outras são ações possíveis de se trabalhar inclusive diretamente com as crianças. Mesmo que não diretamente com elas, o fato de conviverem em uma instituição que vivencia essas práticas em seu cotidiano pode provocar nas crianças a incorporação dessas práticas para além desse espaço.

Essas apostas significam:

- pensar sujeitos mais expressivos, sensíveis ao entorno e, por isso mesmo, mais "antenados" com a preservação da vida;
- pensar em constituição de novas subjetividades, tal como nos aponta o artigo 7º das DCNEI (apresentado no início deste capítulo);
- contribuir para que esses sujeitos possam se envolver organicamente em projetos coletivos e pessoais a favor de um ambiente ecologicamente equilibrado.

Da parte da Educação do Campo, as regulamentações falam de um comprometimento pedagógico com o desenvolvimento e a construção de práticas ambientalmente sustentáveis. As Diretrizes Operacionais para a Educação Básica nas Escolas do Campo (artigo 4º da Resolução CNE/CBE nº 1/2002) explicitam que o projeto institucional dessas escolas deve constituir-se em "um espaço público de investigação e articulação de experiências e estudos direcionados para o mundo do trabalho, bem como para o desenvolvimento social, economicamente justo e ecologicamente sustentável".

Também um dos incisos do artigo 8º se refere ao "direcionamento das atividades curriculares e pedagógicas para um projeto de desenvolvimento sustentável". Essas orientações consideram que os problemas socioambientais globais e locais se inter-relacionam. O desenvolvimento territorial local está intimamente relacionado aos contextos de transformação das políticas rurais.

> Como nos alerta a pesquisadora Fátima Cruz-Souza, na apresentação da obra *Desarrollo rural y sostenibilidad: estratégias y experiências en España y Brasil* (2011), o mundo rural, em um contexto de fragilidade dos ecossistemas, adquire novas funções, menos vinculadas à atividade agrária e mais orientadas por uma concepção de desenvolvimento que considera o âmbito:
>
> • da economia agroalimentária;
> • do meio ambiente;
> • das populações rurais.
>
> Essa última inclui pensar a dimensão social e humana do conceito de ambiente ecologicamente equilibrado. Quando na Educação Infantil trabalhamos questões relativas ao cuidado com a vida estamos também trabalhando relações de cuidado com o outro e consigo mesma. Ou seja, estamos tratando a criança e o humano como parte intrínseca do ambiente.

Por fim, cabe retomar aos princípios estabelecidos nas Diretrizes Curriculares Nacionais para a Educação Infantil (Resolução CNE/CEB nº 5/2009). Em seu artigo 6º, as DCNEI elencam os princípios éticos, estéticos e políticos que devem ser respeitados na elaboração e efetivação das propostas pedagógicas das instituições de Educação Infantil, entre os quais, o respeito ao bem comum e ao meio ambiente. Os ambientes rurais compõem o cenário e contexto de uma Educação Infantil do campo comprometida com a construção de novas formas de ser e estar no mundo, desde o mundo imediato ao mundo mais distante; uma Educação Infantil que vincula ambiente natural e história cultural.

Atividades

1) Para a gestão escolar, como podemos pensar projetos ambientalmente sustentáveis de organização e manutenção da estrutura física e das atividades (alimentação, limpeza, transporte escolar, materiais pedagógicos etc.) da instituição de Educação Infantil?

2) Reflita em que medida as questões relativas ao meio vêm sendo abordadas na proposta pedagógica: como conteúdo? Como vivência? De que outras formas?

3) Vamos explorar imagens, concepções e sentimentos sobre os recursos naturais, as áreas naturais protegidas e as formas como os homens ocupam essas áreas? O que sabemos sobre isso? O que os povos e comunidades tradicionais podem nos ensinar nessas questões?

4) Que tal fazermos um desenho, um recorte ou uma atividade dramática que possa expressar nossos conhecimentos e sentimentos sobre os recursos hídricos, sobre as águas, os rios e os mares? Conhecemos as imagens, os símbolos e os modos de vida dos habitantes dessas áreas?

Leituras importantes

ÁGUA: vida e alegria no semiárido. Produção da Articulação no Semiárido Brasileiro. Recife: Asa Brasil, 2001. Disponível em: <http://educacaonosemiarido. blogspot.com/p/projetos-didaticos.html>. Acesso em: 30 dez. 2011. Desenhos animados.

ALMEIDA, Maria da Conceição de; CENCIG, Paula Vanina (Orgs.). *A natureza me disse.* Natal: Flecha do Tempo, 2007.

BARROS, Verônica; TOZONI-REIS, Marília. Reinventando o ambiente: Educação Ambiental na Educação Infantil. *Cadernos de Educação*, FaE/PPGE/ UFPel, Pelotas, n. 34, p. 135-151, set./dez. 2009.

BRANCO, Sandra. *Meio ambiente e educação ambiental na Educação Infantil e no Ensino Fundamental.* São Paulo: Cortez Editora, 2007.

CAMPOS, Luciana Maria Lunardi; PAIS, Thais Cristina. Viva a ciência: ensinando e aprendendo ciências naturais na pré-escola. In: Encontro do Núcleo de Ensino, 1., 2010, Botucatu. *Anais...* Botucatu: Instituto de Biociências, nov. 2010.

FIGUEIREDO, João Batista de Albuquerque; SILVA, Maria Eleni Henrique da. *Educação ambiental para a convivência solidária com o semiárido.* Brasília, DF: CNPQ, 2009. Disponível em: <http://www.anped. org.br/reunioes/32ra/arquivos/trabalhos/GT22-5434-Res.pdf>. Acesso em: 30 dez. 2011.

HARLAN, Jean D.; RIVKIN, Mary S. *Ciências na Educação Infantil*: uma abordagem integrada. Porto Alegre: Artmed, 2002.

Capítulo VII

OS CAMINHOS DAS CRIANÇAS ATÉ AS PRÉ-ESCOLAS: IMPLICAÇÕES PARA A ORGANIZAÇÃO PEDAGÓGICA

Os caminhos das crianças até as pré-escolas: implicações para a organização pedagógica

Se o deslocamento das crianças pequenas entre a casa e a creche ou pré-escola é motivo de preocupação nos centros urbanos, essa questão ganha uma dimensão acentuada quando nos referimos às crianças do campo. A realidade das crianças das regiões rurais brasileiras, no que se refere ao transporte escolar, é bastante diferente da realidade daquelas que vivem nas cidades.

O espaço rural é caracterizado pelas longas distâncias, estradas de terra ou leitos de rios, muitas vezes com obstáculos naturais. O próprio caminho para a escola já caracteriza uma especificidade da Educação Infantil no campo e, portanto, necessita ser compreendido e cuidado tanto no cotidiano da instituição como do ponto de vista da política pública. O modo como é realizado o transporte tem implicações para pensar a qualidade da educação, os

É ideal e de direito que as crianças não necessitem se locomover por distâncias longas. Precisamos criar outra cultura de financiamento que respeite o direito da criança à Educação e, ao mesmo tempo, à vaga próxima de sua casa. Creche/pré-escola próxima à residência é direito da criança, garantido no artigo 53, inciso V, do Estatuto da Criança e do Adolescente. Outras leis e regulamentações federais versam sobre direitos relacionados aos caminhos das crianças até as escolas. A Constituição de 1988 garante que o poder público municipal, ao oferecer a Educação Infantil e o Ensino Fundamental, obriga-se a desenvolver programas de transporte aos estudantes dessas etapas, além de outras etapas quando for o caso também. A Resolução nº 2/2008 e o Parecer nº 3/2008, ambos do Conselho Nacional de Educação, que versam sobre questões relativas à forma de atendimento escolar nas regiões rurais, determinam que a Educação Infantil e os primeiros anos do Ensino Fundamental sejam oferecidos nas próprias comunidades, evitando-se os processos de nucleação escolar e deslocamento das crianças.

No estudo de Denise de Oliveira, ficou evidente que a frequência à escola está intrinsecamente relacionada ao transporte escolar oferecido pela prefeitura. Na realidade pesquisada, o serviço é terceirizado e percebeu-se que nos dias em que não havia o transporte, seja por estar quebrado, seja por falta de pagamento ao motorista, o número de crianças que ia para a escola era baixo. Além disso, o fato de só haver um veículo para o transporte escolar de todas as crianças tornava impossível assegurar o mesmo tempo de permanência para todos que dependiam desse serviço, pois algumas delas eram entregues muito antes do horário de a aula começar e outras chegavam à escola quando o atendimento já havia começado.

impactos na educação da criança, a prática pedagógica, a organização de espaços/tempos.

Dados nacionais de pesquisas acadêmicas revelam que a política privilegia a oferta de vagas em centros urbanos e consequentemente privilegia o financiamento do transporte escolar em detrimento do financiamento das escolas no campo. O Censo da Educação Básica, desenvolvido pelo Instituto Nacional de Estudos e Pesquisas Educacionais (Inep) em 2009, demonstrou como estava distribuído o transporte das crianças matriculadas na Educação Infantil tanto em áreas urbanas como rurais, naquele ano, conforme a figura seguinte:

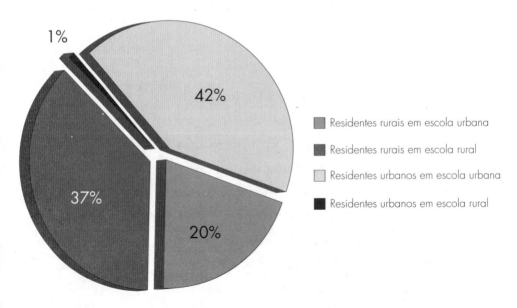

Nº de matrículas dos alunos da Educação Infantil residentes em áreas rurais/urbanas que utilizam transporte escolar público (Estadual/Municipal) com base no Censo da Educação Básica 2009-Inep

Esses dados evidenciam parte da diversidade de modalidades em que esse transporte acontece no campo. Segundo levantamento realizado por Ana Paula Soares da Silva e Juliana Bezzon da Silva na região nordeste do Estado de São Paulo, em 2009, de um total de quarenta municípios, 34 realizavam transporte das crianças de quatro e cinco anos de idade para a cidade e apenas seis municípios possuíam creches e pré-escolas na área rural. Assim, um dos caminhos para a creche/pré-escola é feito por meio do transporte extracampo que, como vemos, é vivido por 20% das crianças brasileiras do campo que utilizam transporte escolar público.

Essa modalidade é caracterizada pela condução das crianças até uma escola na cidade, seja por meio de barcos, seja por meio ônibus, seja por outras formas, dependendo das características geográficas locais. Nesse caso, as distâncias entre a casa e a creche/pré-escola, geralmente, são longas, sendo acrescidas pela insegurança gerada pelo trajeto, por exemplo, em trechos de rodovias de alta velocidade, pontes inseguras ou pelo movimento das águas.

> Na pesquisa desenvolvida por Luciana Pereira de Lima em uma cidade no Estado de Minas Gerais, os relatos das mães denotam preocupação e angústia com seus filhos durante o percurso da casa até a pré-escola, feito por meio de ônibus.
>
> [...] o ônibus, pra você ver, ele sai daqui 11h20 e chega lá na escola uma hora praticamente [...] preocupada com esses meninos nesse ônibus, aí rodando esse tempo todo... (Mãe de Arthur.)
> [...] em uma BR perigosa dessa aí, já houve casos de eu ficar preocupada. Você vê acidente no horário, você escuta um bombeiro, um trem

qualquer, está no horário do seu filho ir, você não preocupa? (Mãe de Fabrício.)

[...] o ônibus não tem estrutura, não tem um cinto de segurança, os meninos ficam todos correndo pra lá e pra cá dentro do ônibus, o ônibus andando na rodovia [...] Falei: "Deus me livre e guarde, se o motorista tiver que fazer uma freada brusca ou alguma coisa, vai 'vazar' menino". (Mãe de Iago.)

Esses relatos revelam a violação de direitos das crianças e as situações de insegurança no transporte escolar. Tais situações circunscrevem o significado que a creche ou pré-escola pode ter para as famílias.

Também as professoras, nesse mesmo estudo, relatam as dificuldades das crianças com o transporte:

[...] o transporte, para o menor, fica mais cansativo [...] (Professora Vivian.)

Além da angústia dos familiares e da preocupação dos(as) professores(as), também as crianças, quando ouvidas, expressam seu descontentamento em percorrer longas distâncias até a escola.

Em uma atividade realizada no assentamento rural Mário Lago, localizado em Ribeirão Preto, no interior do Estado de São Paulo, ouvimos crianças de diferentes idades sobre a escola que gostariam de ter no assentamento. Lá, como em vários contextos rurais no Brasil, não existe ainda escola no próprio assentamento. As crianças, na atividade proposta, expressaram seus desejos por meio de desenhos e textos. Isabel, de cinco anos de idade, fez o seguinte desenho:

Agradecimentos a Maria Isabel Nogueira da Silva Bispo e a seus pais, por cederem o desenho.

Solicitada para falar sobre a figura, Isabel disse que havia colocado a pré-escola bem colada em sua casa porque era assim que ela queria: "Uma escola bem perto, porque eu fico *trêêêêês* horas no ônibus". Sua lógica temporal, mesmo que não cronológica, alerta para o sofrimento que estamos impondo às crianças tão prematuramente para poderem ter respeitado seu direito à Educação. Também a presença do ônibus no desenho de Isabel, mesmo na situação por ela sonhada (uma escola bem perto de sua casa), parece evidenciar a força dele em sua vida, como se dele não conseguisse se livrar, nem mesmo no desejo expresso por meio do desenho.

Quando o transporte é feito para as escolas das cidades, as pesquisas demonstram que:

Isso aparece no estudo realizado por Ana Paula Leivar Brancaleoni, intitulado Do rural ao urbano: o processo de adaptação de alunos moradores de um assentamento rural à escola urbana (Faculdade de Filosofia, Ciências e Letras de Ribeirão Preto, 2002).

- A escola da cidade que recebe crianças do campo se configura como espaço geralmente de exclusão, ao contrário do espaço propício para lidar, respeitar e compreender as diferenças como marcas da condição humana.
- É comum uma visão negativa e preconceituosa dessas crianças, descritas por vezes em posições de subalternidade não apenas econômica, mas também cognitiva. Tal visão reforça a submissão do campo à cidade e pode configurar uma dupla exclusão, visto que as crianças atendidas se originam de uma localidade significada, muitas vezes, como "atrasada".
- Nessa situação, a criança vive processos de humilhação social, tem sua autoestima afetada e fica submetida fragilmente às tensões da transição entre mundos e suas culturas.

Há relatos de crianças que demonstram estratégias para lidar com esse preconceito ou com as tensões vividas na escola na cidade que desconhece as condições do transporte feito na terra. As crianças carregam sapatos em suas mochilas e os trocam antes de entrarem na escola. Outras protegem seus pés com sacolas plásticas. Há crianças que pedem para o ônibus parar longe da escola.

Quando a instituição educacional localiza-se no próprio campo, a modalidade de transporte denomina-se intracampo e, como vemos, pelos dados anteriores, é realizada por 37% das crianças da Educação Infantil que utilizam transporte público. Apesar dessa modalidade geralmente diminuir o tempo da criança no trânsito, a insegurança das condições do transporte e o desgaste da criança, mesmo estando supostamente mais próxima da moradia, nem sempre há garantia de que as condições sejam boas, nem mesmo de que as distâncias sejam de fato pequenas.

Exigências legais para transporte escolar de acordo com o Código de Trânsito Brasileiro (Lei nº 9.503/97, de 23 de setembro de 1997)

Art. 136. Os veículos especialmente destinados à condução coletiva de escolares somente poderão circular nas vias com autorização emitida pelo órgão ou entidade executivos de trânsito dos Estados e do Distrito Federal, exigindo-se, para tanto:

I - registro como veículo de passageiros;

II - inspeção semestral para verificação dos equipamentos obrigatórios e de segurança;

III - pintura de faixa horizontal na cor amarela, com quarenta centímetros de largura, à meia altura, em toda a extensão das partes laterais e traseira da carroçaria, com o dístico ESCOLAR, em preto, sendo que, em caso de veículo de carroçaria pintada na cor amarela, as cores aqui indicadas devem ser invertidas;

IV - equipamento registrador instantâneo inalterável de velocidade e tempo;

V - lanternas de luz branca, fosca ou amarela dispostas nas extremidades da parte superior dianteira e lanternas de luz vermelha dispostas na extremidade superior da parte traseira;

VI - cintos de segurança em número igual à lotação;

VII - outros requisitos e equipamentos obrigatórios estabelecidos pelo Contran.

Art. 137. a autorização a que se refere o artigo anterior deverá ser afixada na parte interna do veículo, em local visível, com inscrição da lotação permitida, sendo vedada a condução de escolares em número superior à capacidade estabelecida pelo fabricante.

Na realidade estudada por Roberta Alves Tiago, a escola, localizada na zona rural, possuía um tempo menor de atividade. A ação educativa era desenvolvida de modo mais corrido em virtude dos professores, originalmente da cidade, terem de se

> Dissertação de mestrado de Roberta Alves Tiago, intitulada *Música na Educação Infantil: saberes e práticas docentes* (Universidade Federal de Uberlândia, 2007).

> A definição da presença de monitor no ônibus escolar é feita atualmente a partir das legislações municipais, não havendo qualquer definição obrigatória. No âmbito federal, ocorreu a apresentação do Projeto de Lei nº 7339/06, que tenta regularizar essa matéria. Ele propunha a obrigatoriedade da presença de monitor dentro dos veículos de transporte de estudantes. A principal função desse monitor é de auxiliar no embarque e desembarque das crianças e garantir-lhes segurança durante o trajeto. Atualmente, o Projeto de Lei está na mesa diretora da Câmara dos Deputados.

locomover para o campo. O horário de chegada coincidia exatamente com o início da recepção das crianças e a saída era feita sempre de forma apressada, para não perderem o transporte de volta para casa. A escola é definida pelas professoras como muito distante da cidade. Nesse caso, em que as professoras migram de uma realidade a outra para educar e cuidar, também o transporte da cidade até o campo, conforme apresentado, caracteriza dificuldades na dinâmica das práticas educativas para a Educação Infantil nesses contextos.

Além dos aspectos gerais, a Educação Infantil do campo agrega também a necessidade de compreender as peculiaridades do transporte escolar para as crianças bem pequenas, o que exige cuidados redobrados e atenção especial sobre seus impactos na organização pedagógica.

> Um caso acompanhado por nós em uma das pesquisas retrata o contexto de um assentamento rural em que as mães e/ou responsáveis acompanham seus filhos menores de quatro anos no ônibus para a escola, situada dentro do próprio assentamento. Algumas dessas crianças bem pequenas permanecem na instituição de Educação Infantil em período integral. Outras ficam apenas no período da tarde, gastando até uma hora de casa até a escola no ônibus escolar e quatro horas na instituição. Nessa mesma localidade, crianças entre quatro e cinco anos percorrem o trajeto até a escola em ônibus com as crianças do Ensino Fundamental e sem a presença de outro adulto no veículo além do próprio motorista. Como não há monitor no transporte escolar, as crianças não são assistidas durante o percurso até a escola em um ônibus muitas vezes em condições precárias de conforto e segurança.

É importante salientar também que ao poder público municipal não é explicitada, por nenhuma disposição legal, a delimitação do trajeto que a linha de transporte deve realizar ou a distância mínima ou máxima que o estudante deverá percorrer entre a casa e a escola. O município possui, portanto, autonomia para definir o trajeto do transporte e seus pontos de parada, cabendo-lhe também o bom-senso de estabelecer critérios que considerem as características geográficas e sociais das localidades atendidas.

E o papel dos(as) professores(as) nesse aspecto? Se acreditamos que o espaço educativo se inicia a partir do momento em que a criança sai de casa para ir até a instituição (ou seja, que a preocupação com o modo de locomoção das crianças é parte de nosso trabalho, considerando que isso pode afetar diretamente nos seus resultados), nós, professores(as), equipe educacional, equipe gestora, temos o dever de propor a discussão e o conhecimento do transporte escolar das crianças que frequentam nossas instituições e procurar conhecer suas implicações para a organização do trabalho pedagógico.

Além das implicações para a organização do trabalho pedagógico já apresentadas aqui, o transporte escolar, desde que intracampo e respeitados os direitos das crianças a um transporte seguro e confortável, pode ser pensado na extensão da ação pedagógica e articulado ao projeto político-pedagógico da creche/pré-escola.

Em uma cidade da região de Ribeirão Preto (SP), quem acompanha as crianças no transporte é a própria professora da turma. Em uma condição como

> **Transporte para Educação do Campo**
>
> O artigo 3º das Diretrizes Complementares, normas e princípios para o desenvolvimento de políticas públicas de atendimento da Educação Básica do Campo (Resolução CNE nº 2/2008), reafirma que a Educação Infantil e os anos iniciais do Ensino Fundamental sejam ofertados nas próprias comunidades. A exceção é aberta para os anos finais do Ensino Fundamental, sendo possível o deslocamento intracampo, "cabendo aos sistemas estaduais e municipais estabelecer o tempo máximo dos alunos em deslocamento a partir de suas realidades". Nesse caso, deve-se levar em conta a participação da comunidade na definição do local e a menor distância possível.

essa, a situação de transporte transforma-se consideravelmente e o trajeto para casa ou da casa para a pré-escola transforma-se em momentos diferenciados de interação. Os(as) professores(as) tornam esse um espaço/tempo de aprendizagem e de interação pedagógica, podendo servir dele para:

- Introduzir as crianças a algum tema, atividade ou evento que irá acontecer na instituição naquele ou nos próximos dias.
- Em um dia de surpresa, fomentar a fantasia e acompanhar as crianças vestida de algum personagem relacionado ao projeto que vem desenvolvendo na pré-escola.
- Conversar com as crianças sobre as atividades desenvolvidas naquele dia nas viagens de retorno às suas casas.
- Cantar músicas com as crianças.
- Contar histórias e/ou pedir que elas contem.
- Brincar de mímica e adivinhação.
- Conversar ou desenvolver brincadeiras orais com os pequenos sobre o trajeto que estão percorrendo (sobre árvores, poças d'água, pássaros e outros animais).

Se os tempos e os espaços ocupados pelas crianças no trajeto de casa para a instituição de Educação Infantil forem uma preocupação não apenas dos familiares, mas principalmente da equipe educacional, o atendimento à Educação Infantil terá cada vez melhor qualidade para as oportunidades de desenvolvimento integral das crianças.

Atividades

1) Em sua escola, vocês já fizeram um levantamento sobre as formas como as crianças chegam à escola? Se realizam transporte escolar, sabemos sobre o tempo que as crianças permanecem no veículo e quais os trajetos que ele percorre?

a) Se isso não foi feito, que tal realizar esse levantamento e conhecer cada vez mais os caminhos das crianças até a escola?

b) Em caso afirmativo, o que acham de realizarem com as crianças atividades que explorem suas vivências no transporte? Podem-se realizar atividades de desenho, de fotografia, com conversas sobre essas produções.

2) Vamos experimentar também nós, adultos, esse trajeto, desde o ponto de entrada da primeira criança até a última a descer do veículo?

a) Que novidades essa experiência trouxe para compreender a vivência da criança, as condições de transporte e o tempo de deslocamento da criança?

b) Elas trazem implicações para mudanças no transporte e nas rotinas das crianças dentro da pré-escola?

Leituras importantes

SILVA, Ester Simão Lopes; ARNT, Ana de Medeiros. *O acesso às escolas do campo e o transporte escolar.* 2008. Trabalho de Conclusão de Curso (Licenciatura e Bacharelado em Ciências Biológicas).

Universidade do Estado de Mato Grosso, Tangará da Serra, 2008. Disponível em: http://www.gepec. ufscar.br/textos-1/textos-educacao-do-campo/a-escola-do-campo-em-movimento-1/at_download/file. Acesso em: 5 jan. 2012.

TRANSPORTE escolar. Produção do Ministério da Educação e Cultura (MEC) (Caminhos da Escola – Episódio 22). Disponível em: <http://tvescola. mec.gov.br>. Acesso em: 5 jan. 2012.

Capítulo VIII

FAZERES E SABERES DA E NA DOCÊNCIA: SIGNIFICAÇÕES DA EDUCAÇÃO INFANTIL DO CAMPO

Fazeres e saberes da e na docência: significações da Educação Infantil do campo

Que a importância de uma coisa não se mede com fita métrica nem com balanças nem barômetros etc. Que a importância de uma coisa há que ser medida pelo encantamento que a coisa produza em nós...
(Manoel de Barros, *Memórias inventadas.*)

Quais saberes específicos à Educação Infantil do campo serão necessários aos professores e às professoras para garantir o objetivo central de educar/cuidar das crianças pequenas e dos bebês em espaços coletivos de qualidade? Quais são os encantamentos da docência na Educação Infantil do campo? Qual pressuposto epistemológico orienta os fazeres na Educação Infantil do campo?

As crianças são sempre levadas pela família e pelos profissionais da Educação Infantil a diferentes lugares: ao berço, ao banho, à cadeira de alimentação, ao trocador de fraldas, ao parque, ao solário ou a outro espaço.

Dependendo da relação entre adultos e crianças, as crianças aprendem a esperar e a obedecer. Entretanto, o agir delas sempre nos coloca desafios: epistemológicos, ético-estéticos e políticos. Em interações, os conhecimentos são construídos e compartilhados. Na Educação Infantil, crianças e adultos se relacionam e criam grupos de referência. Com esse entendimento, as interações das crianças entre si e delas com os adultos, professores(as) e familiares, são também elementos que compõem o núcleo da ação pedagógica. As experiências significativas são planejadas, registradas e avaliadas em um processo pedagógico "acontecente", vinculado aos modos de vida de acordo com a cultura das crianças e dos(as) professores(as).

Quais concepções de infância e de Educação estão presentes naquela comunidade de pertencimento das crianças que compõem as diferentes turmas de Educação Infantil do campo? Qual concepção de infância e de Educação os profissionais daquela escola possuem e como se articulam no Projeto Político-Pedagógico da creche/pré-escola? Como estas concepções refletem nas práticas pedagógicas cotidianas: a organização do espaço, das rotinas, das aprendizagens significativas, dos períodos de planejamento do(a) professor(a) e de formação? Como se registram as produções infantis? Como a avaliação é realizada? Que diálogos são promovidos entre a escola, as famílias, as crianças e a comunidade?

Na obra *Entre o passado e o futuro* (1961, p. 247), Hannah Arendt nos faz enxergar uma falsa dicotomia existente no processo educacional. Ela afirma que:

> *A Educação é, também, onde decidimos se amamos as nossas crianças o bastante para não expulsá-las do nosso mundo e abandoná-las a seus próprios recursos e tão pouco arrancar de suas mãos a chance de empreender alguma coisa nova e imprevista para nós, preparando-as em vez disso com antecedência para a tarefa de renovar o mundo comum.*

Podemos deslizar por discursos e práticas dicotômicos que, por um lado, refletem nos nossos fazeres cotidianos uma concepção de "guarda das crianças" e, por outro, podem assumir uma postura fundamentada em uma concepção pedagógica que retira a possibilidade de criação da criança. Seja neste caso ou quando deixamos as crianças entregues a seus recursos, muitas vezes com pouco ou nenhum acesso aos brinquedos, livros e materiais, em ambas as concepções o paradigma é centrado no adulto.

Assim, a autora nos convida a pensar que nas mãos das crianças há criações, novidades, encantamentos e questiona a deixá-las participar de nosso mundo, trazendo as suas novidades. Ao mesmo tempo, ela nos chama à responsabilidade para que professores(as), gestores(as), familiares, adultos sejamos organizadores de espaços de partilha de vida, de saberes e sabores, para que as crianças possam se desenvolver integralmente.

Essa postura acrescenta em nossas ações uma sensível escolha por direcioná-las para a dimensão dos direitos de escuta e de participação dos bebês e da criança, uma vez que são sujeitos em ação. Assim, em contexto de creche/pré-escola é preciso buscar a construção de relações horizontais, democráticas e críticas entre adultos e crianças. Se em nossas práticas lhes possibilitamos construir significações sobre as relações humanas, também possibilitamos que elas construam significações sobre as relações intergeracionais, sobre os (im)possíveis para adultos e para crianças. Ou seja, possibilitamos que elas construam o próprio significado do que é ser criança na nossa sociedade.

Os fazeres pedagógicos podem considerar essa questão como um guia orientador de práticas educativas que sejam capazes de responder às necessidades e particularidades dos participantes e promovam competências político-pedagógicas para a autonomia e cidadania das crianças, respeitando seus direitos:

- à dignidade e ao respeito;
- à autonomia e à participação;
- à felicidade, ao prazer e à alegria;
- à individualidade, ao tempo livre e ao convívio social;
- à diferença e à semelhança;
- à igualdade de oportunidades;
- ao conhecimento e à Educação;
- a profissionais com formação específica;
- a espaços, tempos e materiais específicos.

Podemos criar contextos pedagógicos reveladores de uma participação ativa das crianças, em que estejam presentes a informação e a compreensão acerca do significado do ser sujeito no mundo. Isso inclui:

- O desenvolvimento de processos de experimentação e reflexão que permitam às crianças apropriarem-se de ferramentas teóricas e empíricas para a construção de juízos, sentidos e significados compartilhados e próprios, relativos à realidade social.
- O estímulo a um estilo de participação não competitiva, em que seja valorizado o protagonismo não individualista assim como a capacidade para representar os seus pares para além das suas necessidades individuais.
- O reconhecimento dos adultos sobre as competências das crianças de se expressarem de diferentes formas

e sobre o seu direito a serem ouvidas a partir dessa diversidade.

- O desenvolvimento de processos político-pedagógicos que considerem, para além das características individuais das crianças, também as suas experiências de vida e dimensões culturais e sociais, que influenciam de forma significativa no (não) envolvimento pessoal e coletivo nas dinâmicas educacionais.

Há que se buscar a percepção com as crianças dos significados que a vida na creche/pré-escola e a sua participação neste espaço assumem para elas, a partir da análise:

- da forma como participam e se engajam nos seus cotidianos;
- de como elas se veem, sentem-se e se imaginam como sujeitos na creche/pré-escola;
- de como elas percebem a legitimidade da prática da participação em suas vidas.

As crianças possuem voz própria e devem ser ouvidas de modo a serem consideradas com seriedade, envolvendo-as no diálogo e na tomada de decisões. Contextos pedagógicos com a consideração da opinião das crianças requerem inverter estruturas de poder e rever relações e papéis de adultos e crianças.

A participação das crianças, nos processos de construção de conhecimento, segue a lógica da descoberta, da discussão, do confronto e negociação, orientada por uma utopia em que todas as racionalidades etárias possam ser valorizadas e consideradas. O(a) professor(a) é um(a) mediador(a) de diferentes relações:

- entre as crianças e o saber;

- entre as crianças, o entorno e o mundo;
- das crianças entre si;
- das crianças com elas mesmas.

A noção de mediação nessa perspectiva não é simples. Ao contrário, carrega muitos elementos de complexidade. Significa que o(a) professor(a) intervém, organiza o ambiente para que as relações e as aprendizagens possam ser otimizadas. O(a) professor(a) tem importância central não apenas como o outro com quem a criança interage, mas, principalmente, como quem possui o poder de ampliar e de lhe organizar vivências ao longo de todo o dia. O modo como organizamos os cantos, as salas e o banho de sol, os rituais de comemorações e festividades, o uso do espaço externo, o olhar para o ciclo das plantas e para a floração, a confecção de objetos para batucar, jogar e fantasiar, a permissão para a circulação em diferentes espaços, a escuta dos bebês e das crianças pequenas para a escolha dos projetos de aprendizagens, as assembleias com crianças, a exposição das suas produções, são exemplos de situações e práticas que possibilitam vivências que se somam às diferentes formas com as quais as crianças sentem, conhecem e narram o mundo e a si mesmas ampliando seus papéis e repertórios, ou seja, ampliando-se como sujeitos expressivos no mundo.

No fazer pedagógico, como autor(a) de sua prática, o(a) professor(a) constrói diferentes instrumentos. Um destes instrumentos de trabalho criados por professores(as) de Educação Infantil do campo em sua mediação do mundo com as crianças, por nós conhecidos em nossas experiências, é a construção da chamada "mala pedagógica", que contém materiais confeccionados por ele e pelas crianças. Essa mala pode ser uma caixa, um carrinho ou um baú em que possa armazenar os materiais e levá-los para os espaços escolhidos para realização das atividades. Diversos materiais podem compor também malas diversas. Entre eles: caixas e aventais com objetos que contam contos (o avental pode, por exemplo, possuir um bolsão de onde vão se retirando personagens da história); fantoches; livros de pano, plástico, papelão; sementes; grandes tecidos para montar cabanas de panos e folhagens (no interior da sala de referência, no pátio ou em áreas externas, em meio a árvores do entorno, por exemplo) e também para montar cortinas temáticas.

As maquetes também são recursos que mobilizam a criatividade das crianças na representação de inúmeras situações: a escola e o seu entorno; a residência da criança e a vizinhança; a comunidade; o trajeto escolar etc. Outros materiais também interessantes e usados com as crianças ou nas formações de professores(as) são os tapetes. O(a) professor(a) pode solicitar que as famílias enviem retalhos de tecidos para a confecção de um tapete no tamanho que comporte todas as crianças da turma. Também pode convidar algumas mães para auxiliá-lo(a) na confecção deles e solicitar que as crianças auxiliem na disposição das cores e na composição dos retalhos para serem tecidos. Crianças maiores podem auxiliar na tessitura, e o momento da confecção pode se tornar um encontro de adultos e crianças e bebês permeados de trocas, narrativas e bem-querer!

Com o tapete confeccionado o(a) professor(a) poderá estendê-lo no início do dia de trabalho, e esse gesto se torna um convite ao encontro coletivo. Sentados, deitados, em roda de conversas, ele pode estabelecer o momento coletivo para: ouvir narrativas, combinar as ações do dia, contar e ler histórias, convidar pessoas da comunidade para participar da "ciranda de conversas" ou outro nome que escolha para denominar o momento coletivo de "planejamento" construído, assumido e compartilhado com as crianças.

Para a Educação Infantil do campo, o tapete adquire uma função especial se pensarmos no conforto de seu uso em espaços externos da instituição e do entorno (debaixo de árvores, em um gramado próximo, na beira de um regato), principalmente quando estamos com os bebês. Além disso, os tapetes podem ser utilizados como materiais de registro e apresentação dos fazeres pedagógicos. Construídos com as crianças, tornam-se um recurso para contar a história da instituição ou daquela turminha. Dessa forma, os(as) professores(as) podem trabalhar a identidade das crianças em sua relação com o contexto cultural e social em que vivem. Outros tipos de tapetes podem compor histórias da comunidade, circulando pelas famílias para que acrescentem neles suas histórias, bordadas ou coloridas. Assim, tapetes confeccionados aos poucos com a contribuição de famílias podem constituir-se em painéis onde se inscreve a história coletiva da comunidade.

As crianças e os(as) professores(as) constituem os contextos de aprendizagem ao construírem conjuntamente o que Bernard Charlot chama de "relações com o saber". Para haver relação com o saber, é preciso que ocorra atividade afetivo-intelectual, pois sem ela não há aprendizagem. A questão não é só o(a) professor(a) ensinar, mas também a criança aprender. É ele(a) quem é o(a) responsável pela organização e criação de instrumentos para a criança aprender e também criar. Deve organizar a atividade afetivo-intelectual das crianças, para que elas possam estabelecer as suas relações com o saber. Se a paixão do(a) professor(a) pelo saber é contagiosa, cabe-nos perguntar: "Qual é a relação entre o saber das crianças e do(a) professor(a)?" "Como é a cultura geral e local dele?"

As relações com os saberes das crianças são construídas por meio das interações que elas experimentam nas relações sociais, na construção coletiva da vida social e no conhecimento. Nos espaços coletivos, como creches/pré-escolas do campo, as crianças e os bebês terão a oportunidade de conviver com seus coetâneos (o eu e os outros), e aprender a ouvir e sentir seus pensamentos e sentimentos, assim como os dos seus colegas de creche/pré-escola. Desse modo, vão estabelecer relações significativas com outras pessoas e aprender a compartilhar a vida, o mundo, os objetos. A partir das interações, as crianças vão se desenvolvendo em todos os aspectos, fazendo dos conflitos e negociação de papéis, sentimentos, ideias e soluções, elementos indispensáveis.

> Em seu mestrado, intitulado *Processos de inclusão social: um estudo a partir das vivências de educadoras infantis de associações comunitárias rurais do Vale do Jequitinhonha (MG)* (Universidade Federal de Minas Gerais, 2004), Tânia Aretuza Ambrizi Gebara buscou identificar e compreender os processos de inclusão social construídos por camponesas que são profissionais da Educação Infantil. De modo geral, o estudo apontou que a Educação Infantil e o trabalho docente nesse nível de ensino são caracterizados pela exclusão social, pelo modelo assistencialista e compensatório. A perspectiva de Educação Infantil com foco na indissociabilidade entre o cuidar e o educar ainda está sendo paulatinamente implementada na região. O trabalho como educadora infantil apresentou-se como importante por ser considerado pelas educadoras participantes da pesquisa como uma oportunidade dessas mulheres de comunidades rurais de desconstruir barreiras sociais, e ampliar possibilidades de conhecimento.

Atividade

Vamos pensar juntos nossa prática profissional? Escreva um relato de uma atividade desenvolvida por você com as crianças de sua turma. Em grupo, troquem os relatos sem identificar os nomes dos autores e escrevam uma apreciação sobre a atividade desenvolvida pelo colega. Posteriormente, leiam em voz alta para todo o grupo as apreciações e debatam sobre cada atividade desenvolvida, discutindo as seguintes questões, entre outras:

a) Como o(a) professor(a) trabalhou nesta atividade as questões referentes ao contexto rural das crianças?
b) Em que espaço a atividade ocorreu? Como foi a recepção das crianças afetivamente, considerando o espaço e o conteúdo da atividade desenvolvida?
c) Quais foram os materiais utilizados? Houve preocupação em utilizar materiais relacionados à natureza local? O(a) professor(a) inseriu materiais de novidade para as crianças conhecerem?

Leituras importantes

ANTUNES-ROCHA, Maria Isabel; MARTINS, Aracy Alves (Orgs.). *Educação do Campo*: desafios para a formação de professores. Belo Horizonte: Autêntica, 2009.

HAGE, Salomão Mufarrej. Formação docente, culturas, saberes e práticas: desafios em face das territorialidades e socioculturaldiversidade da Amazônia. In: ENCONTRO DE PESQUISA EDUCACIONAL DO NORTE E NORDESTE, 20., 2011, Manaus: Universidade do Estado da Bahia. Disponível em: eicampo.blogspot.com/.

ROSSETTI-FERREIRA, Maria Clotilde *et al.* (Orgs.). *Os fazeres na Educação Infantil*. São Paulo: Cortez Editora, 2009.

SILVA, Isabel de Oliveira e. *Profissionais da Educação Infantil*: formação e construção de identidades. São Paulo: Cortez Editora, 2001.

Capítulo **IX**

A PARTICIPAÇÃO DA FAMÍLIA

A participação da família

A participação das famílias nas instituições escolares, embora seja uma garantia estabelecida na Lei de Diretrizes e Bases da Educação Nacional (LDB Lei Federal nº 9.394/96), nem sempre acontece de modo tranquilo. Essa dificuldade deriva de várias questões culturais e políticas relativas ao exercício da democracia nas instituições no nosso país.

Aqui queremos destacar a dificuldade associada à própria atividade humana de compartilhar a educação das crianças. O compartilhamento dessa educação, feito por sujeitos que desempenham diferentes papéis familiares (mãe, pai, avó, tia(o) etc.) e profissionais (professor(a), diretor(a), outros profissionais da Educação etc.), apresenta tensões e expectativas geradas a partir das concepções de cada um desses sujeitos sobre as responsabilidades na educação das crianças.

Assim, mesmo que o(a) professor(a) seja da própria comunidade, as tensões aparecem como parte da atividade que realiza, como negociação dos limites entre a sua ação e a ação da família com a criança. Ou seja, mesmo que ele(a) seja proveniente da comunidade ou morador(a) na área, é necessário manter a reflexão constante sobre as relações com as famílias e sobre as possibilidades de participação que promove na creche/pré-escola, na organização do seu trabalho e na execução de seu projeto pedagógico.

Participação como direito da família

A Lei de Diretrizes e Bases, respeitando os princípios da democracia estabelecidos na Constituição Federal, confirma o direito das famílias de conhecerem os processos pedagógicos aos quais seus filhos estão submetidos nas escolas em que frequentam. O artigo 12 da LDB estabelece as incumbências dos estabelecimentos de ensino e as explicita nos incisos:

VI – articular-se com as famílias e a comunidade, criando processos de integração da sociedade com a escola;

VII – informar pai e mãe, conviventes ou não com seus filhos, e, se for o caso, os responsáveis legais, sobre a frequência e rendimento dos alunos, bem como sobre a execução da proposta pedagógica da escola.

(Redação dada pela Lei nº 12.013, de 2009.)

A PARTICIPAÇÃO DA FAMÍLIA

A pesquisa de mestrado de Bruna Calefi Gallo, desenvolvida em uma creche urbana e denominada *Qualidade na Educação Infantil Pública: concepções das famílias usuárias* (Faculdade de Filosofia, Ciências e Letras de Ribeirão Preto, 2010), demonstrou que, ao contrário de concepções correntes no senso comum, as famílias participantes do estudo não se contentavam apenas com a guarda e alimentação de suas crianças. Olhando para as crianças percebiam outras necessidades e estabeleciam parâmetros relativos a espaço e estrutura física, a aprendizagens, ao cuidado e à relação creche-família.

Um exercício interessante para romper com nossa visão de que existe um ideal de família é fazermos, nas nossas formações, um organograma das famílias das professoras e demais profissionais da creche/pré-escola. O desenho auxilia-nos a localizar as relações de continuidade, de rompimento, famílias reconstituídas, famílias extensas etc. Enfim, dificilmente vamos achar uma única estrutura familiar ou uma estrutura "ideal". Depois podemos discutir: por que será que exigimos isso das famílias dos meninos e meninas que frequentam nossas instituições?

Nossa experiência nos mostra que, quanto menor for a idade da criança, maiores são o desejo e a necessidade de a família saber sobre a vida e as ocorrências diárias com seu filho na instituição de Educação Infantil. E muitas vezes isso não é bem entendido.

É comum ouvirmos avaliações negativas de professores(as) sobre as famílias. Muitas vezes, afirmamos que a família não está preocupada se o filho aprende ou não; que ela está apenas interessada em saber se o filho se alimenta bem na creche/pré-escola; que os aspectos pedagógicos não importam para a família. Ou, que a família contemporânea já não sabe colocar limites aos filhos; que as famílias das crianças têm problemas em suas dinâmicas.

É muito comum justificarmos algumas situações reproduzindo o velho chavão de que uma determinada família é "desestruturada". Essa fala é feita a partir de um ideal de família que desconsidera que as estruturas familiares são diversas e existem diferentes dinâmicas e formas de organização familiar. E mais, que as pessoas crescem e vivem, com dramas e alegrias próprias, em cada uma dessas formas! Afinal, que tipo de família é a nossa?

Às vezes, quando uma criança não está bem na creche/pré-escola, a primeira justificativa por nós encontrada é a família. Em outras ocasiões, os(as) professores(as) exigem dos familiares atitudes que extrapolam suas funções. Até mesmo em nome da participação da família, queixamo-nos e nos frustramos porque gostaríamos que todas as famílias estivessem participando ativamente no cotidiano e na vida da creche/pré-escola, nas atividades que com elas promovemos. Na ânsia de termos a família presente, esquecemo-nos de que as famílias possuem particularidades e também condições diferenciadas de participação, por exemplo, horários difíceis de serem coordenados com nossas agendas e calendário.

Encontrar o ponto certo da relação creche/pré--escola–família parece ser algo bastante complexo e esse aspecto não pode ser negligenciado quando consideramos que faz parte do conjunto de saberes e fazeres do(a) professor(a), em especial, na Educação Infantil. Se a presença da família é importante no Ensino Fundamental, na Educação Infantil pode-se afirmar que ela é imprescindível como forma de garantir a educação integral do bebê e da criança pequena.

Precisamos avançar os saberes sobre essa relação e reconhecer que, de uma perspectiva profissional, a instituição educacional possui uma responsabilidade maior do que a família no cuidado da relação família–creche/pré-escola. Por esse motivo, não vamos explorar aqui as implicações da família nessa relação, e sim, privilegiar a reflexão sobre o papel dos(as) professores(as) e demais profissionais nesse processo.

Existem diversos aspectos envolvidos nos episódios positivos e negativos que marcam a nossa relação com as famílias das crianças. Pretendemos abordar alguns deles, que são evidentemente gerais para quaisquer creches/pré-escolas. Contudo, em cada um, podemos nos perguntar quais as especificidades presentes quando estamos falando de famílias de áreas rurais ou de comunidades tradicionais.

O mais básico dos aspectos a serem considerados na relação família–creche/pré-escola talvez seja a nossa capacidade de nos colocarmos no lugar do outro-família, de compreender a relação a partir de um exercício que procura saber o que aquele outro-família espera de nós, quais são suas necessidades e desejos, quais são suas demandas reais.

Essa capacidade pode ajudar na superação de dificuldades, por exemplo, relativas ao saber se comunicar com a família. Esse saber implica colocar-se na comunicação a partir de uma postura dialógica que entende a necessidade de construir acordos compartilhados sobre as demandas dessas duas instituições, sem impor, contudo, a demanda institucional como hierarquicamente mais importante ou relevante. Por meio do respeito à demanda familiar, a própria família aprende a respeitar e valorizar a demanda da creche/pré-escola como espaço público de educação coletiva de crianças.

Outra dificuldade que esse exercício nos ajuda a enfrentar é saber compreender esse outro-família em sua dimensão concreta e não imaginária. Precisamos contrapor nossas concepções preconcebidas ao conhecimento real e concreto da vida das famílias com quem nos relacionamos. Como vivem? Como educam seus filhos? Que práticas e saberes compõem seus universos materiais e simbólicos? Que lugar o bebê e a criança ocupam nesse universo?

Há alguns anos, realizando trabalho de formação em uma creche, fomos percebendo que as professoras e as profissionais pautavam seus discursos gerais sobre as famílias a partir da relação conflituosa que tinham com algumas delas. Um exercício interessante foi provocar a instituição a realizar uma pesquisa sobre as famílias, colhendo informações sobre composição familiar, atividade profissional, local de origem dos responsáveis pela criança, enfim, uma série de informações que poderiam trazer a realidade da família para perto da equipe da creche. Na apresentação e na discussão dos resultados, feita em um momento de formação, a surpresa delas foi grande quando verificaram que suas concepções estavam fundamentadas em preconceitos, sobre a população atendida, que mediavam as relações que com ela estabeleciam. As famílias da pesquisa não eram as mesmas das famílias de seus discursos. Ao mesmo tempo, tal experiência deixou-as sensíveis para um trabalho diferenciado com aquelas famílias que, em determinado momento do ciclo familiar, necessitavam de atenção especial.

Essa dimensão concreta da família ajuda-nos inclusive a nos orientar diante da seguinte questão: "Que práticas e saberes da família questionam nossas práticas e, por sua vez, que práticas e saberes da creche/pré-escola questionam as práticas das famílias?"

Outro aspecto a ser considerado na relação família-creche/pré-escola diz respeito à necessidade de evidenciar as concepções que permeiam essas relações. Nossa capacidade de nos colocarmos no lugar do outro-família, além de estar relacionada a posturas dialógicas e ao conhecimento do outro a partir de quem de fato ele é, também está intimamente ligada às nossas concepções sobre quem seria a instituição social responsável pelo cuidado e educação das crianças. Em muitos dos casos, delegamos à família a total responsabilidade por essa tarefa e o poder público e suas agências acabam sendo vistos com papel menor.

Essas concepções são também permeadas pelo imaginário da idade ideal para a criança estar em uma instituição educacional. Durante muito tempo, acreditamos que a educação de crianças bem pequenas era responsabilidade quase que exclusiva da família, principalmente da mulher. Se centrarmos tudo na família e na figura feminina, particularmente a mãe, tendemos a considerar que, quanto mais adiarmos a entrada da criança na creche/pré-escola, melhor será. Ao contrário, se acreditamos que a Educação pública e coletivizada é importante, desenvolvemos formas de inserção da criança nas práticas sociais e educativas criadas por nossos grupos, dentre elas, a creche/pré-escola. Quando consideramos a faixa etária que compõe a Educação Infantil, nossas concepções revelam práticas culturais e opções diferenciadas para as crianças ao longo dessa faixa.

Por outro lado, essas concepções ainda precisam ser cruzadas com outras significações. Existem evidências de que as instituições educacionais tendem a desconsiderar processos de socialização de grupos e comunidades rurais tradicionais e impor modelos basicamente externos a esses grupos. Também há, por exemplo, estudos que mostram que as famílias atendidas em creche/pré-escola, quando pertencentes a segmentos empobrecidos, enfrentam preconceitos historicamente construídos em relação às condições de vida das populações pobres.

Para compreender a rede de determinações das políticas para a Educação Infantil e para a Educação do Campo e a rede de significações dos sujeitos

A PARTICIPAÇÃO DA FAMÍLIA

sobre as populações do campo, não podemos limitar nossos olhares apenas às concepções de infância e criança e de campo e povos do campo. É necessário considerar que, a elas, se somam significações construídas ao longo do tempo, advindas da relação histórica com a pobreza e com a população pobre e das formas de, sobre ela, exercer controle social e dominação, seja no nível das políticas e programas, seja nas propostas pedagógicas e nas relações cotidianas que se dão no interior das instituições.

Conhecer minimamente as nuanças que compõem o cotidiano das crianças do campo pode permitir a desconstrução de pré-concepções sobre a infância nesses contextos e também o conhecimento de elementos fundamentais para a ação pedagógica compreendida na interação com as famílias e a comunidade.

> Os indicadores de pobreza no País demonstram que a maior incidência é no campo, resultado do modelo de desenvolvimento adotado e do caráter excludente das políticas públicas. Dados divulgados pelo Ministério do Desenvolvimento Social, em setembro de 2011 (com base nas informações colhidas pelo Censo do IBGE de 2010) evidenciam que a maioria da população sem rendimento, ou seja, em situação de extrema pobreza, concentra-se nas áreas rurais. A Região Norte é a que mais concentra essa porcentagem, afetando áreas de população indígena, de maioria rural e quilombolas, por exemplo. Vários dos preconceitos em relação ao rural somam-se ou são sobrepostos pelo preconceito em relação à população pobre.

Juliana Bezzon da Silva, em pesquisa realizada em uma pré-escola de assentamento rural, ilustra uma situação sobre a qual podemos refletir na relação entre as professoras e a família.

Enquanto esperavam o ônibus para a cidade, uma das professoras mostrou as fotos da festinha de uma de suas alunas, que foi do outro lado do morro, na outra vila. As professoras falaram que estavam curiosas para ver como era lá e fizeram uma roda em torno da máquina fotográfica. Comentaram sobre o tamanho do bolo e sobre a boneca que a menina havia ganhado de presente da avó. A professora enfatizou assim elementos que caracterizaram a festa de um modo diferente do que poderia ser esperado por ela. As professoras imaginaram, nesse caso, uma vida muito humilde para aquelas crianças e em torno disto teciam seus comentários e expunham suas expectativas.

Um último aspecto que gostaríamos de focar sobre as questões que influenciam nossa relação e a consequente

Complementaridade da Educação e cuidado com as crianças pequenas

Conforme o artigo 29 da LDB de 1996:
A Educação Infantil, primeira etapa da Educação Básica, tem como finalidade o desenvolvimento integral da criança até seis anos de idade, em seus aspectos físico, psicológico, intelectual e social, **complementando a ação da família e da comunidade.**
(Grifo nosso.)

abertura para a participação da família na creche/pré-escola diz respeito à necessidade, por parte da instituição, de uma devida e clara compreensão sobre as especificidades dos fazeres das famílias e dos fazeres educativos na creche/pré-escola, essa última feita por profissionais e em espaço coletivo. Na educação compartilhada da criança, quanto menos clareza tivermos sobre essas funções e responsabilidades de cada uma dessas instituições (família e creche/pré-escola), maiores serão as probabilidades de conflitos, desacordos e desentendimentos de ambas as partes. E não podemos nos esquecer de que a criança está no meio dessa relação. É em nome de uma Educação Infantil que tem o bebê e a criança pequena no centro de seu interesse que a relação família e creche/pré-escola precisa ser cuidada. E muito bem cuidada!

Quando afirmamos que os projetos familiares e institucionais se complementam, queremos dizer que, nessa ideia de complementaridade, reside o reconhecimento da importância das duas instituições. Significa, portanto, reconhecer que, na Educação Infantil, devemos promover situações e vivências em uma relação de proximidade entre as vivências da creche/pré-escola e da família, em particular pelas características dos bebês e das crianças pequenas. Contudo, precisamos também de ações diferenciadas em relação às práticas familiares, que ampliem o universo simbólico e experiencial da criança, na conjunção de relações afetivas, sociais, éticas, estéticas, políticas, sensoriais e motoras diferenciadas. Ou seja, nossas concepções e a clareza de nossos papéis institucionais na educação complementar que ofertamos à criança vão compondo um mosaico que assume um colorido particular quando estamos em relação com as famílias de determinada creche/pré-escola.

Esse mosaico é, portanto, construído coletivamente, no entrelaçamento das vozes que compõem a comunidade educacional. As crianças e as famílias precisam aprender as lógicas do funcionamento institucional e a instituição necessita conhecer as lógicas das crianças, das famílias e comunidade. Explicitar essas concepções e enfrentar seus limites é uma das primeiras tarefas para o trabalho de educação com a criança de forma realmente compartilhada com sua família. Isso se traduz em uma abertura da creche e da pré-escola para a participação da família, conforme os princípios legais da gestão democrática. Participação tanto dos espaços de decisões sobre o projeto político-pedagógico como em atividades realizadas no cotidiano das práticas educativas, que incorporam os saberes e as práticas da família na ação pedagógica.

No caso das famílias de áreas rurais, precisamos compor esse mosaico de concepções e práticas para problematizarmos nossas relações. Além das concepções gerais sobre família e sobre o papel do poder público na educação do bebê e da criança pequena, precisamos nos perguntar: "Que concepções de rural nós possuímos?"; "Que concepções de famílias de áreas rurais temos?"; "Quais são as nossas concepções sobre comunidades rurais?".

Em uma das entrevistas realizadas no mestrado de Juliana Bezzon da Silva com uma professora de uma pré-escola do campo, transparece uma concepção de família rural como "ausente e carente". Verifica-se um movimento em que se estende uma possível necessidade material à condição afetiva e às relações entre os membros da família. A seguir apresentamos um trecho dessa conversa, em que a entrevistada menciona a diferença entre uma família rural e uma família urbana:

> **Marta:** *E há uma grande diferença... na carência das crianças, até mesmo na família, você entendeu? [...]*
> **Juliana:** *Que tipo de carência?*
> **Marta:** *A carência afetiva, eu acho... Acarreta bastante nessas crianças. [...]*
> *Eu acho que as famílias que moram na zona rural, o que acontece? Eu acho que elas são, assim, um pouquinho recatadas. Um pouquinho tímidas. Às vezes, se tiver uma orientação, chamar, dar uma orientação, aí elas vão se soltando um pouquinho mais. "Olha, mãe, você poderia tá fazendo assim com seu filho... dar um abraço, um beijo nele, falar eu te amo. Isso é muito importante pra criança." Porque muitas vezes muitas mães aqui... Eu percebi isso na reunião que nós tivemos... Sentem vontade de dar um abraço, um beijo no seu filho. Até mesmo o filho sente vontade de ser abraçado e beijado pela mãe. Mas muitas vezes eles são, é... a própria família, o pai, a mãe têm vergonha. Não têm esse espaço. Essa abertura com a criança, entendeu?*

A professora entrevistada, como em diversas pesquisas sobre Educação do Campo, é uma das muitas profissionais atuantes nas escolas do campo que moram na cidade e desconhecem as dinâmicas e a ruralidade da instituição educacional onde trabalham.

Pode-se dizer que os desafios para o exercício de alteridade, nesse caso, são ainda maiores e os efeitos do desconhecimento do outro tem implicações para a qualidade da Educação e das interações que oferecemos à criança.

Tais efeitos são bastante discutidos nos estudos gerais sobre educação das populações do campo, em particular pelo foco da discussão pedagógica e do caráter descontextualizado que assumem as práticas dos(as) professores(as) na mediação de saberes com as crianças. Contudo, no caso dos bebês e das crianças pequenas, esse fato, se não superado, pode caracterizar as ações dos(as) professores(as) com marcas de descontinuidade e de fragmentação.

No caso da Educação Infantil do campo, o desconhecimento da realidade da família do campo, quando olhado pela necessária complementaridade de ações entre creche/pré-escola e família para a promoção do desenvolvimento integral da criança, possui efeito duplo, tanto relativo à descontextualização pedagógica quanto à fragmentação referente às práticas de cuidado e educação familiares.

A perspectiva de trabalho que inclui a família requer um profundo conhecimento e respeito que se constrói na relação dinâmica e cotidiana entre as duas instituições, por meio de conversas e de ações planejadas para a promoção dessa relação e participação.

As famílias são diversas, e as famílias moradoras em áreas rurais possuem suas particularidades. Geralmente, essa relação também apresenta características diferenciadas dadas as distâncias entre o local de moradia da criança e a instituição educacional.

Em alguns casos, o distanciamento entre a escola e a família é grande; em outros, ocorre o contrário.

Distâncias e proximidades físicas

Os processos de nucleação, que privilegiam a concentração de crianças em um mesmo espaço físico, ocasionando em um maior distanciamento entre as casas das famílias e a Instituição de Educação Infantil, também ocasionam efeitos sobre a relação da família mais próxima e direta com a escola. Em nossas pesquisas, temos verificado que a proximidade física, quando a creche/pré-escola localiza-se na própria comunidade rural, tem possibilitado maior compartilhamento da educação das crianças, ou seja, a possibilidade de acompanhar o trabalho educativo pela família na escola é facilitada.

Por vezes, estão em situações de isolamento, dadas as distâncias de seus locais de moradia. Em outras situações, vivem em comunidades, por exemplo, assentadas ou quilombolas, caracterizando dinâmicas que exigem delas envolvimento político, agendas comprometidas com questões coletivas para além do cumprimento do horário de trabalho e de questões relativas ao contexto da família. Estas famílias podem possuir vinculação com a história de conquista da creche/pré-escola e exigir seus direitos de participação da gestão da creche/pré-escola.

Algumas vezes, em função de características da produção econômica, as famílias são migrantes, movimentam-se no território nacional em busca de emprego no campo, demarcando locais com alta rotatividade; como é o caso dos trabalhadores na agricultura. A distribuição do trabalho doméstico e do trabalho no campo, nas águas ou na floresta também pode ser diferenciada assim como as relações de gênero. Em alguns casos, a presença cotidiana requerida pela instituição é impossibilitada pela distância da casa em relação à escola e pela necessidade do transporte escolar e aquele contato feito no momento de levar e buscar a criança na creche/pré-escola pode não ser feito com tanta frequência.

Portanto, as relações com a família das áreas rurais e a promoção de sua participação na creche/pré-escola precisam ser pensadas nesses contextos de ruralidade e as possibilidades de diálogo, por vezes, passam pelo estabelecimento de novas e diversas estratégias de comunicação:

- Visitas mais constantes aos locais de moradia.

Estratégia de comunicação com as famílias

No caso investigado por Sônia Regina dos Santos Teixeira, em sua tese de doutorado intitulada *A construção de significados nas brincadeiras de faz de conta por crianças de uma turma de Educação Infantil ribeirinha da Amazônia* (Universidade Federal do Pará, 2009), a professora de Educação Infantil visitava as crianças em suas casas, principalmente aquelas que apresentavam baixa frequência ou algum tipo de problema na pré-escola. Esse trabalho permitia à professora uma relação intrínseca e sensível com a comunidade atendida. A experiência de conhecer as casas, ir até elas, vivenciar outros espaços daquela comunidade com as crianças, pode possibilitar compreensões importantes sobre o desenvolvimento delas e auxiliar na proposição de práticas pedagógicas interessantes para as crianças e adaptadas às demandas dos seus contextos de vida na relação com outros territórios.

A PARTICIPAÇÃO DA FAMÍLIA

- Facilitação do transporte para que a família esteja presente na instituição educacional.
- Articulação das atividades organizadas pela creche/pré-escola com aquelas dos grupos comunitários aos quais pertencem as famílias.
- Promoção da programação pedagógica contando com a participação da comunidade em atividades e projetos.
- Criação de instrumentos de comunicação com a participação da própria criança como mediadora.
- Formação de monitores que acompanham o transporte coletivo das crianças para serem mediadores da relação diária e cotidiana entre família e creche/pré-escola.
- Mudança na jornada de professores(as) para que façam o acompanhamento das crianças no trajeto da casa à creche/pré-escola.
- Ampliação da presença da família na creche/pré-escola por meio de fotos, quadros, murais, acessíveis aos adultos e aos bebês e às crianças pequenas, além de atividades que exploram as potencialidades dos familiares, seus saberes profissionais e suas culturas.
- Criação de um ou mais espaços, se possível permanentes, próprios para as famílias (salinhas, cantos, sofás, mesinhas com café), para se sentirem acolhidas todas as vezes que estiverem na creche/pré-escola.
- Exposição da produção das famílias e criação de canais de diálogos entre elas.

Enfim, nas áreas rurais, é preciso muitas vezes reinventar as formas e os meios de relações com as famílias, ressignificar nossas concepções e conhecer verdadeiramente as famílias em suas dinâmicas e potencialidades.

Dadas as especificidades e as diversidades que compõem o rural no País e as possibilidades de organização das famílias nesse rural, o movimento de aproximação e de trabalho com as famílias do campo e de (re)invenção de formas de relação precisa ser pensado conjuntamente com o cuidado que temos com cada criança e com a qualidade de Educação Infantil ofertada. No caso de comunidades organizadas, a relação com as famílias necessariamente passa pela relação também com a comunidade.

Com os olhos da criança, precisamos compreender o lugar de sua família e de sua comunidade nesse espaço na rede de relações sociais que passa a ser construída: as crianças que chegam cotidianamente; as famílias que as enviam; a creche/pré-escola que as recebe; a sociedade que se responsabiliza por socializar seus conhecimentos e promover a continuidade da vida. Tal cuidado inclui as seguintes reflexões:

- Criar estratégias de participação da comunidade em projetos pedagógicos, por exemplo, não pode gerar o risco de substituição de profissionais por suas ações. Essa prática só levaria à precarização da Educação Infantil no campo.
- Convidar os familiares a participarem de atividades é diferente de exigir a participação e não pode produzir expectativas de obrigação, fato que só gera cobranças.
- Estabelecer mediadores na relação entre família e creche/pré-escola requer pensar nos limites éticos dessa mediação.

A PARTICIPAÇÃO DA FAMÍLIA

- Estabelecer processos de participação muito exigentes pode gerar frustrações tanto nos profissionais como nos familiares.
- Reconhecer que existem diferentes formas de participação dos familiares e que privilegiar uma ou outra, ou formas mistas, depende do contexto rural da família.
- Reconhecer que alguns familiares são mais participativos não pode gerar favorecimentos nem a eles, nem a seus filhos.
- Estabelecer acordos de acompanhamento do trabalho dos profissionais pelos familiares e de participação em projetos não significa que esses acordos não necessitem ser revisados de tempos em tempos.
- Reconhecer que uma creche/pré-escola de qualidade pode ter uma importância para as crianças do campo, em particular para aquelas que moram distantes de outras crianças, requer também reconhecer que, nesses casos a família é ainda mais a principal referência da criança e, por isso, sua valorização é fundamental.

É necessário lembrar que, na Educação Infantil, nossas pesquisas e conhecimentos sobre as famílias precisam ser constantemente renovados, dado o fato de que estas se renovam enquanto as crianças crescem e que todos vão se modificando no ciclo familiar. Além disso, é preciso considerar que há localidades cuja rotatividade das famílias é grande, e os acordos precisam ter um cronograma de revisão segundo o fluxo delas.

Atividades

1) Elabore, com sua equipe de Educação Infantil, um esboço de planejamento para a construção/revisão coletiva (com as famílias) do projeto político-pedagógico de sua instituição. Como organizar essa discussão com as famílias e os profissionais da Educação, considerando também as vozes das crianças?

2) Na reunião de pais, realize uma pesquisa de avaliação com eles (escrita ou falada) em que possam sinalizar de que modo otimizar os espaços de diálogo entre vocês. Que tal começar essa conversa com a própria autoavaliação com eles?

Leituras importantes

CALDART, Roseli Salete; PALUDO, Conceição; DOLL, Johannes (Orgs.). *Como se formam os sujeitos do campo?* Idosos, adultos, jovens, crianças e educadores. Brasília, DF: Pronera, Nead, 2006.

MARTINS, Rosimari Koch. *Expectativas das famílias com crianças menores de quatro anos em relação à educação pública e às experiências educativas vividas por seus filhos*: um estudo da localidade rural de São José, município de Braço do Norte (SC). Dissertação (Mestrado em Educação). Universidade de Santa Catarina, Florianópolis, 2006.

MELLO, Marilice Pereira Ruiz do Amaral. *Gestão democrática da Educação Infantil*: um estudo de caso. Alagoas: Edufal, 2003.

Capítulo X

"CONTINUAÇÕES" FINAIS: POR UMA GRANDE RODA DE CONVERSA

"Continuações" finais: por uma grande roda de conversa

O dia a dia da instituição de Educação Infantil é bastante agitado. Existem momentos em que nosso trabalho acaba ligado no automático, não é mesmo? A correria e as inúmeras tarefas nos dificultam retomar as reflexões sobre nossas práticas. Entretanto, para a Educação Infantil do campo se efetivar, com igualdade de oportunidades, qualidade e equidade, é preciso que nos apropriemos, que nos alimentemos de novos conhecimentos constantemente, para desconstruir velhas práticas e traçar novos elementos de atuação e reflexão.

Uma tarefa importante de professores(as) e dirigentes, nesse processo, é contextualizar as práticas cotidianas desenvolvidas no interior das creches/pré-escolas das áreas rurais e compreendê-las como vinculadas a processos mais amplos, de ordem social, política e econômica.

> De que forma as lutas dos movimentos sindicais e sociais da infância e ligados à terra repercutem nas nossas práticas? De que modo nossas práticas fomentam essas lutas? Que concepções de Estado e sociedade alimentam nossas instituições e que Estado e sociedade construímos com elas? Que concepções de campo, de bebês e crianças pequenas permeiam nosso cotidiano e de que forma nosso cotidiano comunga, constrói ou resiste a essas concepções?

"Continuações" finais: por uma grande roda de conversa

> Como as políticas de financiamento impactam nossas instituições e que articulações buscamos construir para superar essas políticas? De que forma nossas práticas participam na disputa social e cultural por concepções e práticas sobre infância, criança, desenvolvimento e campo? Que tipo de posição profissional é socialmente atribuído ao professor e à professora da Educação Infantil do campo? Que papel e posições construímos no nosso fazer?

As ideias e propostas, assim como as sugestões de organização do trabalho pedagógico na Educação Infantil do campo, trazidas ao longo dos capítulos partem da consideração de que as ações com as crianças estão permeadas por elementos historicamente construídos nos processos de elaboração ou de omissão de políticas públicas para as populações do campo e para os bebês e as crianças pequenas no nosso país. Conhecer esses processos pode nos ajudar a melhor situar as práticas e propostas pedagógicas, compreender suas potencialidades e seus limites e, consequentemente, fazê-las avançar ou superá-las. Interagir com a realidade desses processos, portanto, faz-nos instigar questões sobre a Educação Infantil do campo, de modo a colocá-la na agenda nacional.

Se buscar o conhecimento por meio de pesquisas, leituras, participação em grupos de discussão, troca de informações com colegas, enfim, se colocar-se em uma rede de construção coletiva de conhecimento necessariamente compõe o fazer do(a) professor(a), no caso da Educação Infantil do campo, esse elemento adquire dimensões particulares, dado que ainda muito temos de avançar na relação entre Educação Infantil e Educação do Campo.

Tal postura posiciona cada sujeito dessa história, e em particular os(as) professores(as), como corresponsáveis no processo de construção de uma nova forma de olhar para a criança do campo, de fazer a síntese de conhecimentos advindos de várias áreas e de dialogar, no cotidiano, com as formulações que compõem a Educação Infantil do campo. Conhecimentos da Educação Infantil e da educação das populações do campo podem nos ajudar a enfrentar as invisibilidades históricas relacionadas à Educação Infantil do campo.

Se, de um lado, temos a invisibilidade dos bebês e das crianças pequenas apontada por vários autores contemporâneos, de outro, nas produções atuais, a mesma crítica é apontada em relação à vida dos sujeitos do campo. Se os movimentos sociais da Educação Infantil tentam criar outra sociabilidade, orientada pela igualdade de oportunidades entre homens e mulheres e pelo rompimento de relações de dominação dos adultos sobre as crianças, os movimentos sociais da Educação do Campo buscam criar essa nova sociabilidade na disputa por um modelo de campo e de desenvolvimento econômico. Ambos parecem reconhecer na Educação e nas instituições educacionais um papel importante nesse processo e, consequentemente, uma posição também importante para o(a) professor(a) e demais profissionais da Educação.

As experiências e pesquisas apresentadas ao longo do livro vão vislumbrando uma Educação Infantil marcada pelo contexto geral de distribuição de serviços para as populações do campo e para as crianças de zero a seis anos de idade. Assim, aparecem elementos que falam:

da desigualdade da oferta quando consideramos o urbano e o rural; de práticas descontextualizadas de Educação Infantil; de submissão do rural ao urbano; de tendência a um modelo que tem na alfabetização e preparação para o Ensino Fundamental o eixo do trabalho pedagógico; de presença de modelos assistencialistas e compensatórios.

Contudo, também surgem situações que trazem a criança e as populações das áreas rurais como sujeitos de um projeto educacional que busca construir novas formas de subjetividade e sociabilidade. Nossas práticas dialogam com que tipo de concepções? Nossa concepção de creche/pré-escola comporta a possibilidade de mudança social e, principalmente, de reconhecimento do papel da Educação e das instituições educacionais nesse processo?

Pensar a creche/pré-escola do campo inserida nos processos sociais mais amplos e de transformação social significa situá-la como parte do processo de construção de hegemonia. Nesse sentido, como todas as instituições educacionais, ela pode também ser considerada como espaço de embates entre projetos de sociedade, de sociabilidade e de intersubjetividade. É certo que temos muitas limitações de recursos, de ordem política e cultural. Mas é a partir da instituição educacional concreta, no seu cotidiano, que esse processo se atualiza e é com ela que poderemos avançar em direção a uma organização educacional efetivamente democrática, que supere a escola dualista que contrapõe qualidades diferenciadas de educação para ricos e para pobres, para centros e para periferias urbanas, para o campo e para a cidade.

Ao remeter a essas posições que atribuem à instituição educacional algum papel nos processos não apenas de reprodução, mas também de mudança social, não se quer, entretanto, uma compreensão ingênua ou romantizada de nosso papel como professores(as). Trata-se de um entendimento a partir da contradição que as instituições educacionais carregam e das possibilidades de ação em seu interior, considerando essas contradições existentes.

Tais reflexões nos ajudam a compreender que se trata de reconhecer que, nas instituições educacionais, como espaços de vida e de relações humanas, os sujeitos necessariamente cumprem uma função política. Isso vem sendo lembrado para professores(as) e demais profissionais em documentos oficiais, por pesquisadores e, principalmente, pelos movimentos sociais e sindicais. Além de evidenciar a política como característica constituinte das instituições e das relações, parece-nos que os movimentos de luta por Educação Infantil e por Educação do Campo pautam-se ainda pela proposição de que a política seja orientada por uma prática democrática e igualitária. Quando os movimentos de luta por creche/pré-escola defendem a criança como ator social e como sujeito de direitos, reivindicam, para o interior das instituições, práticas que reflitam a escuta das crianças na elaboração das propostas e o rompimento de relações de dominação etária. Quando os movimentos do campo pretendem uma Educação dos (e não apenas para os) sujeitos do campo, reivindicam políticas e práticas não apenas de valorização de seus saberes e culturas, mas dos próprios sujeitos.

Situar nossas práticas nesse conjunto de elementos de diversas ordens e, a partir da creche/pré--escola, colaborar no processo histórico de construção da identidade da Educação Infantil do campo, parece ser um desafio profissional bem interessante na atualidade, não é mesmo? Para isso, é imprescindível que haja o diálogo com os demais profissionais da instituição, com as famílias e a comunidade, com interlocutores de outras realidades e também estar de olho nas legislações e nas pesquisas acadêmicas.

Mas como encontrar tempo para dar conta de um trabalho com tamanha dedicação e qualidade? Cada professor(a), que trabalha sozinho(a) ou com uma equipe, precisa começar a evidenciar essas necessidades de discussão das práticas com os estudos teóricos em nossos espaços coletivos de formação e/ou avaliação. É preciso propor saídas para essas necessidades, para esse vazio, se desejamos construir juntos uma Educação Infantil do campo.

Como sugestão, podemos começar com um fórum de discussão, via internet ou mesmo como um grande diário coletivo (por meio de CD, Pendrive, caderno ou gravador de voz, por exemplo) que circule de mão em mão e em que seja possível a discussão das práticas e as reflexões com base em estudos e teorias. Os poderes públicos e as universidades podem colaborar nesse processo, fornecer as condições, viabilizar trocas e contato entre pessoas, grupos e experiências.

Outra possibilidade que pode ser pensada é a realização de encontros mensais regionais de Educação Infantil do campo, por exemplo. Ou ainda repensar os espaços já existentes de formação e avaliação, refletindo sobre o que tem sido discutido e como temos discutido as questões de nossas práticas. Um bom cronograma e uma pauta bem montada no início do ano podem oferecer elementos para muita discussão e encontros de introdução e aprofundamento nas temáticas que tangenciam ou estão diretamente relacionadas à Educação Infantil do campo. Essas e outras sugestões podem ser iniciativas desenvolvidas por um grupo (até mesmo por uma dupla) de professores(as). Trata-se de um passo bastante necessário para uma caminhada frutífera de transformação e novas conquistas.

A partir desses novos ou renovados espaços de diálogo, será possível cultivar ideias que ganharão maior força para originar publicações a fim de divulgar nossos materiais, trocar experiências e compartilhar nossas práticas. Registrar essas práticas e buscar divulgá-las, por meio de publicações locais, regionais ou nacionais, de publicações impressas ou virtuais, são instrumentos necessários para que professores(as) que têm o pé e o corpo na realidade das nossas infâncias do campo se coloquem como sujeitos no processo de construção histórica da Educação Infantil no Brasil. O registro das práticas, nesse sentido, além de estabelecer um compromisso com as crianças, as famílias e a comunidade, significa também um comprometimento com a memória da Educação Infantil do campo. O acesso a essas publicações pelo público geral e pelos demais atores envolvidos na Educação Infantil dos territórios rurais pode auxiliar na construção de uma ampla rede das instituições de Educação Infantil do campo.

"Continuações" finais: por uma grande roda de conversa

A creche/pré-escola é espaço de ambiguidades e de sentidos produzidos a partir das relações entre os sujeitos que nela transitam e a constituem. Em nosso caso, as especificidades de bebês e crianças pequenas moradoras em áreas rurais são fortes elementos constituintes dessas ambiguidades e sentidos nas instituições de Educação Infantil do campo. Elas se compõem em espaços que se relacionam com suas comunidades locais e globais. Lugares de valorizações construídas, historicamente, pelas tantas gerações imbricadas em suas diversidades culturais.

Por ser um lugar de sentido para tantas pessoas, ocupando diferentes papéis, seja como profissionais, seja como familiares, seja como crianças, esse local é complexo, assim como a própria sociedade e as relações que a constituem. É necessário romper com concepções e práticas lineares, de causa-efeito, para dar lugar à complexidade inerente à convivência e ao pensamento na sua expressão mais genuinamente humana.

As vozes das pessoas que se encontram na creche/pré-escola precisam estar entrelaçadas às da comunidade a que pertencem, bem como àquelas que ressoam e consolidam as discussões sobre a Educação Infantil e a Educação do Campo. Pois, desse entrelaçamento, emergem significativamente os sentidos de ser e estar na creche/pré-escola, que proporcionarão às crianças pequenas e aos bebês a oportunidade de aprender a compartilhar a vida na Educação Infantil de maneira complementar. Como família, como instituição, como profissional da Educação, como criança, imersos em um mundo de significações sobre a Educação Infantil do campo, provenientes de pesquisas, fazeres, saberes, políticas públicas e escritos oficiais, formamos uma comunidade educacional que dialoga entre si, com o seu entorno e pode também dialogar com outros interlocutores, de amplitudes maiores.

Juntos, nessa grande roda de conversa, fortaleceremos o nosso trabalho, criando recursos coletivos e argumentativos para a melhoria do acesso à Educação Infantil pelas crianças do campo, da qualidade do atendimento, das condições de trabalho dos profissionais que atuam nesses contextos. Assim, poderemos contribuir para a construção da identidade da Educação Infantil do campo, evitando políticas e práticas que comprometem o desenvolvimento social do campo e as possibilidades de interação das crianças.

REFERÊNCIAS BIBLIOGRÁFICAS

Referências bibliográficas

ARENDT, Hannah. *Entre o passado e o futuro*. São Paulo: Perspectiva, 1962.

BARBOSA, Maria Carmen S.; HORN, Maria da Graça Souza (Orgs.). *Projetos pedagógicos na Educação Infantil*. Porto Alegre: Artmed, 2007.

BARROS, Manoel de. *Memórias inventadas*: a infância. São Paulo: Planeta, 2003.

BIBLIOTECA DA FLORESTA. Governo do Estado do Acre. Disponível em: <http://www.biblioteca dafloresta.ac.gov.br>. Acesso em: 5 jan. 2012.

BRASIL. Constituição da República Federativa do Brasil. Brasília, DF: Planalto Central, 1988. Disponível em: <http://www.planalto.gov.br/ccivil_03/Constituicao/Constituicao.htm>. Acesso em: 30 dez. 2011.

_____. Decreto nº 4.887, de 20 de novembro de 2003. Regulamenta o procedimento para identificação, reconhecimento, delimitação, demarcação e titulação das terras ocupadas por remanescentes das comunidades dos quilombos de que trata o artigo 68 do Ato das Disposições Constitucionais Transitórias. Brasília, DF: Planalto Central, 2003.

_____. Decreto nº 6.040, de 7 de fevereiro de 2007. Institui a Política Nacional de Desenvolvimento Sustentável dos Povos e Comunidades Tradicionais. Brasília, DF: Planalto Central, 2007.

BRASIL. Diretrizes complementares, normas e princípios para o desenvolvimento de políticas públicas de atendimento da Educação Básica do campo. Brasília, DF: MEC, 2008.

_____. Emenda Constitucional nº 59, de 11 de novembro de 2009. Dá nova redação aos incisos I e VII do artigo 208, de forma a prever a obrigatoriedade do ensino de quatro a dezessete anos e ampliar a abrangência dos programas suplementares para todas as etapas da Educação Básica, entre outras providências. *Diário Oficial da União*, Brasília, DF, seção 1, 12 nov. 2009a.

_____. Lei nº 8.069, de 13 de julho de 1990. *Estatuto da Criança e do Adolescente [ECA]*. Brasília, DF: Ministério da Educação, Assessoria de Comunicação Social, 1990.

_____. Lei nº 9.394, de 20 de dezembro de 1996. Estabelece as Diretrizes e Bases da Educação Nacional. Brasília, DF, 1996. Disponível em: <http://www.planalto.gov.br/ccivil_03/Leis/L9394.htm>. Acesso em: 30 dez. 2011.

_____. Lei nº 9.503, de 23 de setembro de 1997. *Código de Trânsito Brasileiro*. Brasília, DF, 1997.

_____. Lei nº 10.639, de 9 de janeiro de 2003. Inclui no currículo oficial da Rede de Ensino a obrigatoriedade da temática História e Cultura Afro-Brasileira. Brasília, DF: Planalto Central, 2003.

_____. Ministério da Educação. *Política Nacional de Educação Especial na Perspectiva da Educação Inclusiva*. Brasília, DF, 2008. Disponível em: <http://portal.mec.gov.br/arquivos/pdf/politicaedu cespecial.pdf.>. Acesso em: 5 de janeiro de 2012.

BRASIL. Ministério da Educação e do Desporto. *Indicadores da Qualidade na Educação Infantil*. Brasília, DF: Secretaria da Educação Básica, 2009.

_____. *Parâmetros Nacionais de Qualidade para Educação Infantil*. Brasília, DF: Secretaria de Educação Básica, 2006.

_____. Resolução CNE/CEB nº 1, de 3 de abril de 2002. Institui as Diretrizes Operacionais para a Educação Básica nas Escolas do Campo. *Diário Oficial da União*, Brasília, DF, seção 1, p. 32, 9 abr. 2002.

_____. Resolução CNE/CEB nº 5, de 17 de dezembro de 2009. Institui as Diretrizes Curriculares Nacionais para a Educação Infantil. *Diário Oficial da União*, Brasília, DF, seção 1, p. 32, 9 abr. 2002. 2009b.

_____. Resolução CNE/CP nº 1, de 17 de junho de 2004. Institui Diretrizes Curriculares Nacionais para a Educação das Relações Étnico-Raciais e para o Ensino de História e Cultura Afro-Brasileira e Africana. Brasília, DF: MEC, 2004.

BRUNER, Jerome. *Atos de significação*. Porto Alegre: Artes Médicas, 1997.

CASARI, Marina B. *Caracterização de espaços externos em creches municipais*. 2006. Trabalho de Conclusão de Curso (Graduação em Pedagogia). Universidade de São Paulo, Ribeirão Preto, 2006.

CENTRO DE ESTUDOS CAIÇARAS (CEC). Disponível em: <http://www.usp.br/nupaub/cec.html>. Acesso em: 5 jan. 2012.

REFERÊNCIAS BIBLIOGRÁFICAS

CNBB, MST, Unicef, Unesco, UnB, Contag, Unefab, Undime, MPA, MAB, MMC. CONFERÊNCIA NACIONAL POR UMA EDUCAÇÃO DO CAMPO, 2., 2004, Luziânia. Declaração Final (Versão Plenária): Por Uma Política Pública de Educação do Campo. Disponível em: <http://www.red-ler.org/declaracion-II-conferencia-educacao-campo.pdf>. Acesso em: 21 dez. 2011.

CONSELHO NACIONAL DE EDUCAÇÃO, CÂMARA DE EDUCAÇÃO BÁSICA. Parecer CNE/CEB nº 21/2002. Solicita análise da possibilidade de reconhecimento nacional das Casas Familiares Rurais. *Diário Oficial da União* de 2 set. 2002, Seção 1, p. 25. Disponível em: <http://portal.mec.gov.br/cne/arquivos/pdf/CEB021_2002.pdf>. Acesso em: 5 jan. 2012.

_____. Parecer CNE/CEB nº 1/2006. Dias letivos para aplicação da Pedagogia da Alternância nos Centros Familiares de Formação por Alternância (CEFFA). *Diário Oficial da União* de 15 mar. 2006. Disponível em: <http://portal.mec.gov.br/cne/arquivos/ pdf/pceb001_06.pdf>. Acesso em: 5 jan. 2012.

CRUZ-SOUZA, Fátima (Coord. y Org.). *Desarrollo rural y sostenibilidad*: estrategias y experiencias en España y Brasil. Palencia: Pais Romanico, 2011.

CUCHE, Denys. *A noção de cultura nas ciências sociais*. Lisboa: Fim de Século, 1999.

GALVÃO, Izabel. *Henri Wallon*: uma concepção dialética do desenvolvimento infantil. Petrópolis: Vozes, 1995.

GEBARA, Tânia A. Ambrizi. *Processos de inclusão social*: um estudo a partir das vivências de educadoras infantis de associações comunitárias rurais do Vale do Jequitinhonha-MG. 2004. 208p. Dissertação (Mestrado). Universidade Federal de Minas Gerais, Belo Horizonte, 2004.

HAGE, Salomão Mufarrej. Movimentos sociais do campo e a afirmação do direito à Educação: pautando o debate sobre as escolas multisseriadas de Ensino Fundamental na Amazônia paraense. *Revista Brasileira de Estudos Pedagógicos*, v. 1, p. 302-12, 2006.

INSTITUTO NACIONAL DE COLONIZAÇÃO E REFORMA AGRÁRIA [Incra]. Disponível em: <http://incra.gov.br/portal/>. Acesso em: 5 jan. 2012.

INSTITUTO NACIONAL DE ESTUDOS E PESQUISAS EDUCACIONAIS ANÍSIO TEIXEIRA [Inep]. Censo Escolar da Educação Básica. Brasília, DF: Inep, 2009.

_____. *Panorama da Educação do Campo*. Brasília, DF: Inep/MEC, 2007.

KOLLING, Edgar Jorge; CERIOLI, Paulo Ricardo; CALDART, Roseli Salete (Orgs). *Educação do Campo*: identidade e políticas públicas. Brasília, DF: Articulação Nacional por uma Educação do Campo, 2002. (Por Uma Educação Básica do Campo, n. 4).

LIMA, Fabiana R. S. *Cotidiano em uma escola rural*: representações de uma comunidade escolar. 2008. 127p. Dissertação (Mestrado). Universidade Federal de Viçosa, Viçosa, 2008.

LIRA, Claudia; VICENTE, Maria Cavalcante; DORNELLAS, Tânia. *Seminário Nacional sobre Políticas de Proteção Integral à Criança e ao Adolescente no Campo*: lições aprendidas e perspectivas;

proteção infantojuvenil no campo; uma colheita para o futuro. Brasília, DF: Contag, 2006.

MACHADO, Ilma Ferreira. *A organização do trabalho pedagógico em uma escola do MST e a perspectiva de formação omnilateral.* 2003. 328p. Tese (Doutorado). Universidade Estadual de Campinas, Campinas, 2003.

MARCOCCIA, Patrícia Correia de Paula. *Escolas públicas do campo:* indagação sobre a Educação Especial na perspectiva da inclusão educacional. 2011. Dissertação (Mestrado). Universidade Tuiuti, Paraná, 2011.

MINISTÉRIO DO PLANEJAMENTO, ORÇAMENTO E GESTÃO; INSTITUTO BRASILEIRO DE GEOGRAFIA E ESTATÍSTICA. *Censo Agropecuário 2006.* Brasília, DF: Instituto Brasileiro de Geografia e Estatística, 2006.

MOLINA, Mônica Castagna; JESUS, Sônia Meire Santos Azevedo de. (Orgs.) Por uma Educação do Campo: contribuições para a construção de um projeto de Educação do Campo. Brasília, DF: Articulação Nacional Por Uma Educação do Campo, 2004. (Por Uma Educação no Campo, n. 5).

MORAES, Eulene Vieira de. *Retratos sociológicos das infâncias:* no campo e na cidade olhares se encontram, vozes ressoam e vidas se entrelaçam. 2010. Monografia. Universidade Estadual do Mato Grosso, Sinop, 2010.

MOVIMENTO DOS TRABALHADORES RURAIS SEM TERRA [MST]. Educação Infantil: construindo uma nova criança. *Boletim da Educação*, São Paulo, n. 7, 1997.

MOVIMENTO DOS TRABALHADORES RURAIS SEM TERRA [MST]. Educação infantil: movimento da vida, dança do aprender. *Caderno de Educação*, São Paulo, n.12, 2004.

OLIVEIRA, Denise Rangel M. *A Educação Infantil na perspectiva da criança de contexto rural*: questões para pensar a política de Educação do Campo em Juiz de Fora. 2009. Dissertação (Mestrado). Universidade Católica de Petrópolis, Petrópolis, 2009.

OLIVEIRA, Liliane L. N. de Aranha. *Efeito da escola e indicadores psicossociais*: uma abordagem com dados da Pesquisa Nacional da Educação na Reforma Agrária. 2009. 188p. Tese (Doutorado). Universidade de Brasília, Brasília, DF, 2009.

OLIVEIRA, Zilma M. R. *Jogo de papéis*: um olhar para as brincadeiras infantis. São Paulo: Cortez Editora, 2011.

_____. *et al. Creches*: crianças, faz de conta & Cia. Petrópolis: Vozes, 1995.

QUINTANAR, Concepción Sánchez. *Psicología en ambiente rural*. México: Plaza y Valdés, 2009.

SILVA, Ana Paula S.; PASUCH, Jaqueline. Orientações Curriculares para a Educação Infantil do Campo. In: SEMINÁRIO NACIONAL CURRÍCULO EM MOVIMENTO: PERSPECTIVAS ATUAIS, 1., 2010. *Anais...* Belo Horizonte, novembro de 2010.

SILVA Júnior, Hélio; BENTO, Maria Aparecida Silva (Orgs.). *Práticas pedagógicas para a igualdade racial na Educação Infantil*. São Paulo: Centro de Estudos das Relações de Trabalho e Desigualdade, 2011.

TEIXEIRA, Sônia Regina dos Santos. *A construção de significados nas brincadeiras de faz de conta por crianças de uma turma de Educação Infantil ribeirinha da Amazônia*. 2009. Tese (Doutorado). Universidade Federal do Pará, Belém, 2009.

TIAGO, Roberta Alves. *Música na Educação Infantil*: saberes e práticas docentes. 2008. 182p. Dissertação (Mestrado em Educação). Universidade Federal de Uberlândia, Uberlândia, 2008.

TIRIBA, Lea. Reinventando relações entre seres humanos e natureza nos espaços de Educação Infantil. In: MELLO, Sônia Silva de; TRAJBER, Rachel (Orgs.). *Vamos cuidar do Brasil*: conceitos e práticas em Educação Ambiental na escola. Brasília, DF: Ministério da Educação, Coordenação Geral de Educação Ambiental: Ministério do Meio Ambiente, Departamento de Educação Ambiental, Unesco, 2007.

VASCONCELLOS, Vera M. R.; SARMENTO, Manuel J. (Orgs.). *Infância (in)visível*. Araraquara: Junqueira&Marin, 2007.

WALLON, Henri. *Evolução psicológica da criança*. Rio de Janeiro: Andes, 2005.

_____. *Psicologia e educação da infância*. Lisboa: Estampa, 1975.

YAMIN, Giana Amaral; MELLO, Roseli Rodrigues de. Ruim é copiar, é escrever: a escola para as crianças assentadas. *Revista Acolhendo a Alfabetização nos Países de Língua Portuguesa*, São Paulo, ano 4, n. 8, 2010. Disponível em: <http://www.acoalfaplp.net>. Acesso em: 19 maio 2011.

ZABALZA, Miguel A. *Qualidade em Educação Infantil*. Tradução de Beatriz Affonso Neves. Porto Alegre: Artes Médicas, 1998.

ANEXOS

Anexo I

Perguntas que nos ajudam a construir coletivamente a Educação Infantil do campo

A seguir, apresentamos um quadro com uma relação de perguntas coletadas em nossas experiências de discussão com professores(as) e gestores(as) na Educação Infantil do campo.

A sistematização desses questionamentos foi iniciada em 2010, com a publicação *Orientações Curriculares para a Educação Infantil do Campo*. Estas foram solicitadas inicialmente como parte do projeto Currículo em Movimento, do Ministério da Educação, objetivando cumprir o que rege o artigo 12 das Diretrizes Curriculares Nacionais para a Educação Infantil (Resolução CNE/CEB nº 5/2009), que atribui a esse Ministério a responsabilidade na elaboração de orientações para a implantação das Diretrizes. A Coordenação de Educação Infantil do MEC (Coedi), sensível à questão da Educação Infantil do campo, no conjunto dos textos que compõem as orientações gerais para a Educação Infantil, incluiu esse texto específico para a Educação Infantil do campo. Os demais textos dizem respeito a, por exemplo, currículo, educação de bebês, crianças e relação com a natureza, relações adulto-criança, avaliação na Educação Infantil, trabalho com linguagens, brinquedos e brincadeiras.

A lista seguinte também foi inspirada nos aspectos fundamentais para a qualidade da instituição de Educação Infantil, expressos nas dimensões de qualidade de acordo com os Indicadores de Qualidade na Educação Infantil. Inspirou-se ainda em algumas das questões propostas para reflexão, contidas no livro "Educação do Campo e Pesquisa II", que sistematizou as produções referentes ao II Encontro Nacional de Pesquisa em Educação do Campo (Enpec) e do II Seminário sobre Educação Superior e as Políticas para o Desenvolvimento do Campo Brasileiro, realizados em agosto de 2008.

Aqui, portanto, as perguntas elencadas originalmente no texto *Orientações Curriculares para a Educação Infantil do Campo* estão ampliadas e revistas, a partir dessas novas contribuições, com o objetivo de auxiliar em reflexões coletivas, considerando os diferentes atores envolvidos na consolidação da Educação Infantil do campo, com equidade, oportunidade de acesso e qualidade. Essas questões podem contribuir em processos formativos, nas discussões coletivas, assim como nos momentos de elaboração e de revisão da proposta pedagógica da creche/pré-escola do campo.

Questões para reflexão

Fundamentação e elaboração do projeto político-pedagógico

- Que projeto de sociedade, sociabilidade e construção de subjetividades está presente na Educação Infantil que realizamos com nossas crianças?
- A proposta pedagógica foi discutida e elaborada com a comunidade? Ela é conhecida por todos?
- Estabelecemos um cronograma que contempla a atualização, revisão e avaliação da proposta pedagógica com certa periodicidade?

Anexo I

- A proposta pedagógica valoriza claramente a cultura da comunidade e dos grupos de pertencimento das crianças?
- O projeto político-pedagógico da instituição de Educação Infantil do campo foi construído tendo como uma das referências as contribuições dos movimentos sociais do campo e da Educação Infantil atuantes na sua região?
- Há uma avaliação de como o projeto político-pedagógico se desdobra concretamente no cotidiano da instituição?
- Há clareza na concepção de Educação do Campo na proposta político pedagógica da instituição de Educação Infantil?
- Como os conhecimentos da comunidade se expressam na proposta pedagógica?
- Sabemos e incorporamos ao projeto de nossa instituição elementos relacionados ao modo de vida das crianças de zero a seis anos do campo?
- Sabemos e incorporamos ao projeto de nossa instituição a história de educação e cuidado familiares e coletivos?
- Conhecemos como a comunidade educa suas crianças e esse conhecimento se articula à nossa proposta?
- Conhecemos bem essa comunidade? Nós conhecemos o local de moradia e o cotidiano da família da criança?
- Conhecemos suas produções e histórias?
- Temos projetos de pesquisa sobre a produção cultural e econômica da comunidade?
- Possuímos um cronograma de discussão sobre nosso trabalho com a comunidade?
- Que concepções de crianças embasam nossa proposta pedagógica?
- Conhecemos como são nossas crianças? Do que brincam? Como brincam? Brincam com outras crianças? Brincam sozinhas? O que fazem quando estão em casa? Que filiações identitárias têm nossas crianças?
- Esses conhecimentos estão articulados ao projeto político-pedagógico da creche e pré-escola?
- Nos conhecimentos e observações que embasam a concepção de infância e de criança em nosso projeto, consideramos as particularidades etárias, as singularidades e as diversidades das crianças?
- Sabemos a que horas as crianças se levantam? A que horas se deitam? Conhecemos o tempo de deslocamento da criança até a creche ou pré-escola? Consideramos essas informações no nosso projeto?
- Sabemos quanto tempo depois de acordada a criança chega à creche ou pré-escola?

Organização dos espaços, tempos e materiais

- Nossos espaços, tempos e atividades respeitam os saberes e a organização de vida social das comunidades locais?
- Aproveitamos e otimizamos os conhecimentos da própria comunidade para a escolha e o uso dos materiais, brinquedos, espaços e tempo?
- Possibilitamos às crianças relações com o entorno e com o mundo além do espaço das creches e pré-escolas? Possibilitamos que as crianças ampliem seus conhecimentos e vivências nessas relações?
- Organizamos banhos, cantinhos de sono, alimentação e atividades na chegada das crianças à creche e pré-escola, considerando o tempo decorrido desde o momento em que acordaram até a chegada à creche e pré-escola?
- Quanto tempo dedicamos às atividades internas e quanto dedicamos a atividades externas às salas de referência das crianças?
- Nossa organização do tempo nos espaços considera os deslocamentos das crianças?
- Nossos materiais e a ambientação do espaço possuem elementos produzidos pelas próprias crianças e pela comunidade?
- Os artesanatos, a natureza, a riqueza da comunidade estão presentes na ambientação da creche e pré-escola?
- Nossa organização espaço-temporal privilegia o contato com a natureza?
- Desenvolvemos projetos que procuram educar os olhares e os sentimentos da criança em relação ao ambiente natural?
- Desenvolvemos materiais pedagógicos e brinquedos com produtos naturais?
- Possibilitamos o contato e as brincadeiras das crianças com animais e elementos da natureza como água, areia, terra, pedras, argila, plantas, folhas, sementes, entre outros?
- Realizamos, de forma planejada e intencional, visitas exploratórias aos diferentes espaços naturais e culturais no entorno da creche e na região?
- Nossa organização espaço-temporal privilegia amplos movimentos?
- Possibilitamos que os bebês e as crianças engatinhem, rolem, corram, sentem-se, subam obstáculos, pulem, empurrem, agarrem objetos de diferentes formas e espessuras?
- Nossa organização do espaço, de atividades e nossos materiais buscam superar concepções caricaturadas de campo e de cidade?
- Os horários que organizamos são basicamente homogêneos ou existem possibilidades e flexibilidade a partir do reconhecimento das diferenças e singularidades das crianças e de sua ruralidade?

ANEXO I

- Ouvimos a comunidade e atendemos à demanda das famílias na definição do calendário da creche e pré-escola?
- Incorporamos essas variações de calendário no sistema municipal?
- Nossas práticas são rígidas ou elas comportam, em uma mesma programação, diferentes possibilidades de inserção e de expressividade da criança?
- Organizamos, ao longo do dia, quando possível, atividades que permitem a interação de crianças de diferentes idades?
- Organizamos contação de histórias, oficinas, construção de brinquedos com a comunidade, com as famílias e com as crianças?
- Construímos um acervo das potencialidades culturais da comunidade: cantigas, histórias e lendas, personagens e figuras de referência da comunidade?
- Renovamos esse acervo à medida que nosso conhecimento da comunidade se aprofunda?
- Esse acervo fica em lugar disponível e de fácil acesso aos professores e às professoras para uso com as crianças?
- Construímos um acervo sobre as brincadeiras infantis da comunidade?
- Produzimos livros com as histórias e imagens locais para o manuseio das crianças?
- Renovamos essa produção?
- Produzimos com as crianças materiais diversos sobre a cultura local?
- Realizamos oficinas de sons com materiais próprios da localidade?
- Mantemos, com as crianças, hortas orgânicas, viveiros de mudas, plantas medicinais, animais de estimação?
- Analisamos criticamente os materiais adquiridos ou recebidos pela instituição (livros, brinquedos etc.), procurando saber se eles apresentam uma imagem positiva das populações do campo?
- Nossas práticas no interior das creches/pré-escolas se integram às práticas lúdicas, quando existentes, mantidas pela comunidade (por exemplo, cirandas infantis)?
- Como buscamos superar o preconceito?
- Nossas atividades cotidianas pautam-se pelo oferecimento de condições materiais e humanas para que as crianças construam identidade e autoestima positivas?
- Possibilitamos que a criança construa objetos naturais ou conheça objetos construídos por seu grupo cultural?
- Consideramos, na acolhida de nossas crianças, na organização dos espaços e proposição de atividades, o tempo em que ficaram sentadas durante o transporte da casa até a pré-escola?

Interações na instituição de Educação Infantil

- Ocorrem momentos organizados na rotina da instituição que promovam oportunidades de interação entre as crianças da mesma faixa etária? E de faixas etárias diferentes? E crianças de outras localidades?
- Existe uma organização de espaço que permite à família ser acolhida?
- Existe entrevista ou conversas iniciais com a família antes da entrada da criança na creche e pré-escola?
- Temos formação e discussão sobre os diferentes arranjos familiares?
- Temos instrumentos que buscam superar preconceitos individuais e coletivos em relação às famílias?
- Discutimos e problematizamos concepções e práticas cotidianas que reificam modelos idealizados de organização familiar?
- Temos projetos e atividades que buscam conhecer as famílias de nossas crianças?
- Sabemos como vivem as famílias do campo e como educam seus filhos?
- Incorporamos saberes das famílias e comunidade no cotidiano das instituições?
- Realizamos reuniões com as famílias avisadas com antecedência e nos preocupamos com o transporte para a participação da família?
- Realizamos visitas à família, que recebe o(a) professor(a) ou o grupo de crianças para conhecer a casa, os instrumentos e o processo de trabalho dos pais e parentes da criança?
- As famílias são incentivadas a participar do conselho da escola?
- Há uma comissão de pais com poder de representação e atuação?
- A creche/pré-escola é um centro onde as famílias e a comunidade em geral compartilham seus saberes e práticas?
- Realizamos atividades conjuntas entre as famílias e as crianças de contação de história, música, dança?
- Realizamos oficinas (muitas vezes oferecidas pelos próprios familiares) em que participem crianças e famílias?
- Realizamos apresentação cultural de pais na creche e pré-escola?
- Realizamos ações que integram campo e cidade, população rural e urbana?
- Incorporamos as festas, rituais, tradições, colheitas/plantios, trabalhos da comunidade nas atividades da creche e pré-escola?
- No cronograma e orçamento da nossa instituição está garantido recurso material e pedagógico para visitas às casas das crianças, a fim de estreitar as relações com as famílias do campo?

Transporte das crianças

- Disponibilizamos espaços, cantinhos ou redes para que as crianças que acordaram muito cedo possam ter um momento de descanso, um "soninho" para depois serem inseridas nas atividades em grupo?
- Incluímos a possibilidade de a criança banhar-se, caso queira, devido à poeira ou intempéries enfrentadas durante o transporte?
- Procuramos conhecer as condições de transporte e deslocamento das crianças até a escola?
- Procuramos estabelecer mecanismos para que saibamos qual a distância percorrida pelas crianças desde sua casa à escola?
- Procuramos realizar periodicamente o trajeto das crianças para a creche e pré-escola para compreender essa experiência pela criança e para incorporar questões derivadas dessa experiência na organização do tempo e espaço?
- Sabemos se existem pontos de ônibus ou de outros meios de transporte? Sabemos qual a distância destes das casas das crianças?
- Temos uma sistemática de acompanhamento das condições dos meios de transporte para avaliarmos se estão em boas condições?
- Acionamos os órgãos responsáveis quando as condições de transporte não estão adequadas para as crianças?
- O(a) professor(a) acompanha as crianças no ônibus?
- Preocupamo-nos com uma jornada do(a) professor(a) de Educação Infantil do campo que contempla essa atividade?
- Fornecemos conhecimentos sobre infância e realizamos formação para o condutor que faz o transporte das crianças?
- Existe um profissional adulto, além do condutor, contratado para acompanhar as crianças no transporte?
- Fornecemos formação continuada para esse profissional?
- Facilitamos condições de transporte para as famílias chegarem à creche ou pré-escola?

Alimentação das crianças

- A produção dos alimentos da comunidade faz parte do cardápio das crianças?
- Alimentos plantados pelas crianças fazem parte do cardápio?
- Integramos os alimentos e hábitos alimentares às demais atividades?
- Para os bebês, há disponibilização de acesso ao leite materno?
- Na organização dos tempos dos lanches e refeição, consideramos os horários em que as crianças acordaram?

- Desenvolvemos projetos de alimentação com as crianças, objetivando a construção de hábitos alimentares saudáveis e uma alimentação balanceada?
- Desenvolvemos projetos que inserem a criança nos modos de alimentação de seu grupo e de outros grupos culturais?
- Convidamos as famílias para compartilharem seus conhecimentos sobre alimentação e comidas locais ou típicas?
- Realizamos oficinas de degustação com as crianças e feira de alimentos com as famílias?

Formação das professoras e professores

- Mantemos processos de supervisão e formação continuada para as professoras e os professores de Educação Infantil do campo?
- Realizamos sistematicamente formação específica para professores(as) de Educação Infantil do campo?
- Realizamos momentos de formação conjunta com professores(as) da Educação do Campo ou da Educação Infantil da cidade?
- As professoras e os professores são estimulados a registrarem e descreverem situações em que as crianças trazem elementos do cotidiano da comunidade para brincadeiras e rodas de conversa?
- A formação continuada promove conhecimentos sobre o campo brasileiro, as atividades econômicas e a produção das populações do campo, as lutas pela terra, a vida dos quilombolas, ribeirinhos e povos da floresta, práticas ambientalmente sustentáveis?
- A formação fornece elementos para compreender as relações campo e cidade?
- A formação continuada estimula visitas à comunidade visando o conhecimento da produção e do patrimônio material e imaterial e a condição de vida das crianças do campo?
- Os paradigmas que embasam as Diretrizes Curriculares Nacionais para a Educação Infantil e as Diretrizes Operacionais para as Escolas do Campo são objeto de constante estudo nos processos de formação continuada dos(as) professores(as) e demais profissionais da creche e pré-escola?
- Nossa instituição de Educação Infantil abre as portas para o diálogo com as universidades sobre a Educação do Campo? Quando existentes, recebemos estagiários dos cursos de Pedagogia da região? Realizamos projetos conjuntos para pensar as questões do campo com universidades próximas?

Política de Educação Infantil para as crianças do campo

- Na política de Educação Infantil do município estão contempladas as especificidades para as crianças do campo?
- A política de Educação Infantil se integra às demais políticas (por exemplo, assistência, saúde e cultura)?
- Existem regulamentações ou documentos municipais sobre Educação Infantil do campo da Secretaria/Departamento de Educação e do Conselho Municipal de Educação?
- Discutimos coletivamente as políticas de Educação Infantil e de Educação do Campo do município?
- Os movimentos sociais e sindicais ligados à terra são ouvidos na elaboração de nossas políticas?
- A previsão e o planejamento para a construção de creches/pré-escolas contemplam as comunidades rurais?
- A construção de creches/pré-escolas possui projetos diferenciados respeitando e otimizando as potencialidades e características do campo?
- A seleção de professores(as) para atuação na Educação Infantil do campo considera os saberes sobre campo, infância e educação da criança do campo?
- As políticas municipais para Educação Infantil do campo consideram as diretrizes nacionais que propõem a valorização das diferenças e o combate à discriminação entre brancos, negros e indígenas, homens e mulheres, pessoas com deficiências, crianças e adultos?
- As ações do poder público sobre a Educação Infantil do campo influenciam na construção efetiva do desenvolvimento para as populações do campo?
- Temos o registro da Educação Infantil para as crianças do campo? O que conhecemos dessa história?
- Conhecemos os movimentos organizados da comunidade rural atendida?

No caso das escolas da cidade que recebem as crianças, além dessas questões:

- Existem produções das crianças do campo expostas na instituição?
- Existem fotos e referências das comunidades da criança expostas na instituição?
- As crianças identificam-se com o espaço, os materiais e os conteúdos? Esses espaços acolhem bem as crianças?

ANEXOS

- Combatemos o preconceito e promovemos práticas e projetos para o fortalecimento da identidade positiva da criança com o campo?
- Existe algum procedimento para acolhida e integração das crianças?
- Existem atividades que são desenvolvidas no campo?
- As crianças da cidade conhecem o campo?
- Que conhecimentos possuem as professoras e os professores sobre campo, sobre as infâncias, sobre diversidade e sobre reforma agrária?
- Que momentos destinamos para a formação das professoras e professores acerca do campo e das infâncias do campo?
- As professoras e os professores e demais profissionais conhecem a comunidade rural de origem das crianças?
- Possuímos um acervo de histórias, cantigas, livros e brinquedos que contemplem as especificidades do campo?
- Temos uma biblioteca com livros e produções sobre campo e Educação do Campo para consulta do(a) professor(a)?
- Organizamos banhos, cantinhos de sono, alimentação e atividades na chegada das crianças à creche e pré-escola, considerando o tempo decorrido desde o momento em que acordaram até a chegada à creche e pré-escola?
- Nossos conteúdos contemplam a diversidade das infâncias e do campo?
- Garantimos aspectos específicos na proposta pedagógica com vistas a adequá-la à realidade da criança do campo?

Anexo II

Outras indicações bibliográficas sobre temas relacionados

Livros e capítulos de obras

ARAÚJO, Ana Maria de Araújo e col. *O dia a dia nas creches e pré-escolas*: crônicas brasileiras. Porto Alegre: Artmed, 2009.

BRANDÃO, Elias. *História social*: da invasão do Brasil ao maxixe e lambari. Maringá: Massoni, 2003. Disponível em: <http://www.graficamassoni.com.br/livros/0428120034.pdf>. Acesso em: 30 dez. 2011.

CALDART, Roseli Salete. *Pedagogia do movimento sem-terra*. São Paulo: Expressão popular, 2004.

CALDART, Roseli Salete; PEREIRA, Isabel Brasil; ALENTEJANO, Paulo; FRIGOTTO, Gaudêncio. *Dicionário da Educação do Campo*. Rio de Janeiro: Expressão Popular, 2012.

CARVALHO, Mara Ignez Campos de; RUBIANO, Márcia R. Bonagamba. Organização do espaço em instituições infantis. In: OLIVEIRA, Zilma R. *Educação infantil*: muitos olhares. São Paulo: Cortez Editora, 1994.

CAMINI, Isabela. *Escola itinerante*: na fronteira de uma nova escola. São Paulo: Expressão Popular, 2009.

_____. Formação do professor na perspectiva popular: uma contribuição para o meio rural. In: FISCHER, Nilton Bueno; FONSECA, Laura; FERLA, Alcinda

(Orgs.). *Educação e classes populares*. Porto Alegre: Mediação, 1996.

CAMPOS, Maria Malta; ROSEMBERG, Fúlvia (Orgs.). *Creches e pré-escolas no Hemisfério Norte*. São Paulo: Cortez Editora, 1994.

CARVALHO, Alysson Massote (Org.). *O mundo social da criança*: natureza e cultura em ação. São Paulo: Casa do Psicólogo, 1999.

CONSELHO das Associações de Remanescentes de Quilombo de Moju. *Nova cartografia social dos povos e comunidades tradicionais do Brasil*: Quilombolas de Jambuaçu – Moju (Pará). Brasília, DF: Conselho das Associações de Remanescentes de Quilombo de Moju, 2007. v. 3.

COSTA, Maria de Fátima Vasconcelos da; COLAÇO, Veriana de Fátima Rodrigues; COSTA, Nelson Barros da (Orgs.). *Modos de brincar, lembrar e dizer*: discursividade e subjetivação. Fortaleza: Edições UFC, 2007.

FARIA, Ana Lúcia Goulart de. O espaço físico como um dos elementos fundamentais para a pedagogia da Educação Infantil. In: _____; PALHARES, Mariana Silveira (Orgs.). *Educação Infantil pós-LDB*: rumos e desafios. Campinas: Autores Associados, 1999.

FOERSTE, Erineu; SCHÜTZ-FOERSTE, Gerda Margit; CALIARI, Rogério (Orgs.). *Introdução à Educação do Campo*: povos, territórios, movimentos sociais, saberes da terra, sustentabilidade, ministério. Vitória: PPGE, 2009. v. 500. 153 p.

FORTUNATI, Aldo. *A Educação Infantil como projeto da comunidade*. Porto Alegre: Artmed, 2009.

CONDE, Soraya Fransoni; RIVERO, Andrea Simões. Por onde anda a Educação Infantil do campo (entre o otimismo da vontade e o pessimismo da razão). In: MUNARIN, Antônio *et al. Educação do campo, políticas públicas, territorialidades e práticas pedagógicas.* Florianópolis: Insular, 2011.

GOHN, Maria da Glória. *Os sem-terra, ONGs e cidadania.* São Paulo: Cortez Editora, 2002.

HORN, Maria da Graça. *Sabores, cores, sons e aromas:* a organização dos espaços na Educação Infantil. Porto Alegre: Artmed, 2004.

IOKOI, Zilda Márcia Grícoli *et. al.* (Orgs.). *Vozes da terra*: histórias de vida dos assentados rurais de São Paulo. São Paulo: Itesp, 2005. Disponível em: <http://www.rumoatolerancia.fflch.usp.br/node/646>. Acesso em: 30 dez. 2011.

JOBIM E SOUZA, Solange (Org.). *Subjetividade em questão*: a infância como crítica da cultura. Rio de Janeiro: 7Letras, 2000.

KRAMER, Sônia *et al.* (Orgs.). *Infância e Educação Infantil.* Campinas: Papirus, 1999.

MOLINA, Mônica C. *et al.* (Orgs.). *Educação do campo e formação profissional.* Brasília, DF: Neaf, 2009.

_____; AZEVEDO DE JESUS, Sônia M. S. de. (Orgs.). *Por uma Educação do Campo*: contribuições para a construção de um projeto de Educação do Campo. Brasília, DF: Articulação Nacional Por uma Educação do Campo, 2004.

OLIVEIRA, Zilma R. (Org.). *Educação Infantil*: fundamentos e métodos. São Paulo: Cortez Editora, 2002.

OLIVEIRA, Zilma R. (Org.). *Educação Infantil*: muitos olhares. São Paulo: Cortez Editora, 1994.

QUEIROZ, João Batista Pereira de; SILVA, Virginia da Costa; PACHECO, Zuleika (Orgs.). *Pedagogia da Alternância*: construindo a Educação do Campo. Brasília, DF: Universa, 2006.

SIMONIAN, L. *Mulheres na Floresta Amazônica*: entre o trabalho e a cultura. Belém: UFPA/Naea, 2001.

VIGOTSKI, Lev Semionovich. *Imaginação e criação na infância*: ensaio psicológico: livro para professores. Apresentação e comentários de Ana Luiza Smolka. Tradução de Zoia Prestes. São Paulo: Ática, 2009.

WEREBE, Maria J. G.; NADEL-BRULFERT, Jacqueline (Orgs.). *Henri Wallon*. São Paulo: Ática, 1999.

Artigos

ALEGRETTI, M. H. Reservas extrativistas: parâmetros para o desenvolvimento sustentável na Amazônia. In: ARNT, R. (Org.). *O destino da floresta*: reservas extrativistas e desenvolvimento sustentável na Amazônia. Rio de Janeiro: Relume-Dumará, 1994. p. 17-47.

ARROYO, Miguel G. Por um tratamento público da Educação do Campo. *Revista de Educação Pública*, Brasília, DF, n. 5, p. 91-108, 2004.

BORGES, Maria Lúcia Teixeira; CASTRO, Maria Luiza de Castro. Capital social e educação: condições para o desenvolvimento na reserva extrativista do Cajari. *Revista Práxis Educacional*, Vitória da Conquista, n. 3,

2007. Disponível em: <http://periodicos.uesb.br/index. php/praxis/article/viewFile/ 363/395>. Acesso em: 4 jan. 2012.

CONFEDERAÇÃO NACIONAL DOS TRABA-LHADORES NA AGRICULTURA (CONTAG). Síntese do SEMINÁRIO NACIONAL SOBRE POLÍTICAS DE PROTEÇÃO INTEGRAL À CRIANÇA E AO ADOLESCENTE NO CAMPO: LIÇÕES APRENDIDAS E PERSPECTIVAS. (Documento que sistematizou os resultados obtidos no Seminário Nacional sobre Políticas de Proteção Integral à Criança e Adolescente no Campo). Brasília, DF, Contag, 2006.

FALCÃO, Christiane Rocha; FALCÃO, Marluce Rocha. No meio do Sertão: experiência da Escola Bom Jesus dos Passos com a metodologia da educação contextualizada com o semiárido. *Fórum Identidades*, São Cristóvão, ano 2, v. 4, 2008. Disponível em: <http://200.17.141.110/periodicos/revista_forum_ identidades/revistas/ARQ_FORUM_IND_4/ SESSAO_L_FORUM_Pg_111_120.pdf>. Acesso em: 30 dez. 2011.

FAVARIN, Ana Paula Schmidt. O direito à Educação das crianças em Movimentos Sociais. Publicado na internet em: 6 jul. 2009. Disponível em: <http://www.recantodasletras.com.br/textosjuridicos/ 1685369>. Acesso em: 30 dez. 2011.

LIMA, Elmo de Souza. As contribuições dos Estudos Culturais à formação docente no semiárido: um diálogo entre os saberes docentes e a cultura local. ENCONTRO DE PESQUISA EM EDUCAÇÃO DA

Associação Nacional de Pós-Graduação e Pesquisa em Educação (ANPED), 9., Brasília, DF: UNB, 2008. Disponível em: <http://www.educacaonosemiarido.xpg.com.br/Forma%C3%A7%C3%A3o%20docente%20e%20Estudos%20Culturais.pdf>. Acesso em: 30 dez. 2011.

MERKLE, Carina. O livro uma história do povo Kalunga: material divulgador da representação social dos Quilombolas Kalunga. *Revista Linguasagem*, São Carlos, 15 ed., 2010. Disponível em: <http://www.letras.ufscar.br/linguasagem/edicao15/006.pdf>. Acesso em: 30 dez. 2011

MOLINA, Mônica Castagna; MONTENEGRO, João Lopes de Albuquerque; OLIVEIRA, Liliane Lúcia Nunes de Aranha. Das desigualdades aos direitos: a exigência de políticas afirmativas para a promoção da equidade educacional no campo. *Oficinas de Indicadores de Equidade do Sistema Tributário Nacional e Desigualdades na Escolarização no Brasil.* Secretaria do Conselho de Desenvolvimento Econômico e Social (Sedes), Presidência da República. Brasília, DF, maio 2009. Disponível em: <http://www.gepec.ufscar.br/textos-1/textos-educacao-do-campo/das-desigualdades-aos-direitos-a-exigencia-de-politicas-afirmativas-para-a-promocao-da-equidade-educacional-no-campo/at_download/file>. Acesso em: 30 dez. 2011.

PINHO, Ana Sueli Teixeira de; SANTOS, Stella Rodrigues dos. A história (in)visível do currículo, no cotidiano de professoras da roça, em classes multisseriadas (comunicação oral). *25ª Reunião Anual da Anped*, 2003. Disponível em: http://www.gepec.

ufscar.br/textos-1/textos-educacao-do-campo/a-historia-in-visivel-do-curriculo-no-cotidiano-de-professoras-da-roca-em-classes-multisseriadas/at_download/file. Acesso em: 30 dez. 2011.

SANTANA, Djárcia. *A LDB e a Educação do Campo*. Publicado em: 3 dez. 2006 em: http://www.webartigos. com/artigos/a-ldb-e-a-educacao-do-campo/721/. Acesso em: 4 jan. 2012.

SANTOS, Jânio Ribeiro dos. Da Educação Rural à Educação do Campo: um enfoque sobre as classes multisseriadas. COLÓQUIO INTERNACIONAL EDUCAÇÃO E CONTEMPORANEIDADE, 4., Laranjeiras, Educon, 2010. Disponível em: <http://www.gepec.ufscar.br/textos-1/textos-educacao-do-campo/da-educacao-rural-a-educacao-do-campo-um-enfoque-sobre-as-classes-multisseriadas/at_download/file>. Acesso em: 30 dez. 2011.

SILVA, Ana Paula Soares da; PASUCH, Jaqueline. Orientações Curriculares para a Educação Infantil do Campo. SEMINÁRIO NACIONAL CURRÍCULO EM MOVIMENTO: PERSPECTIVAS ATUAIS, 1., 2010, Belo Horizonte. *Anais...*, Belo Horizonte: 2010.

SILVA, José Bittencourt da. *Política pública, reservas extrativistas e educação*: uma discussão a partir da Resex Rio Cajari, sul do Estado do Amapá. Belém, (PA), UFPA, 2007. Disponível em: <http://educampoparaense. eform.net.br/site/media/biblioteca/pdf/Politica %20publica,%20reservas%20extrativistas%20e %20educacao%20uma.pdf>. Acesso em: 4 jan. 2012.

Teses, dissertações e monografias

BRANCALEONI, Ana Paula Leivar. *Do rural ao urbano*: o processo de adaptação de alunos moradores de um assentamento rural à escola urbana. 2002. Dissertação (Mestrado). Faculdade de Filosofia, Ciências e Letras de Ribeirão Preto/Universidade de São Paulo, Ribeirão Preto, 2002.

FELIPE, Eliana da Silva. *Entre campo e cidade*: infâncias e leituras entrecruzadas – um estudo no assentamento Palmares II, Estado do Pará. 2009. Tese (Doutorado). Faculdade de Educação, Universidade Estadual de Campinas, Campinas, 2009.

JARDIM, Daniele Barros. *Significados e sentidos da Educação Ambiental para as crianças da Educação Infantil*. 2010. Dissertação (Mestrado). Universidade Federal do Rio Grande, 2010.

MARCOCCIA, Patrícia Correia de Paula. *Escolas públicas do campo*: indagação sobre a Educação Especial na perspectiva da inclusão educacional. 2001. Dissertação (Mestrado em Educação). Universidade Tuiuti do Paraná, Paraná, 2011.

MOURA, Fernanda dos Santos. *A Educação Ambiental como prática pedagógica para a Educação Infantil no contexto da economia solidária*. 2011. Dissertação (Licenciatura). Universidade de Brasília, Brasília, DF, 2011.

PINHEIRO, Maria do Socorro Dias. *A concepção de Educação do Campo no cenário das políticas públicas da sociedade brasileira*. 2007. Artigo. Universidade Federal do Pará, Guamá, 2007. Disponível em: <http://www.gepec.ufscar.br/textos-1/textos-educacao-do-campo/artigo-a-concepcao-de-educacao-do-campo/at_download/file>. Acesso em: 30 dez. 2011.

RAMOS, Márcia Mara. *A infância do campo*: o trabalho coletivo na formação das crianças sem-terra. 2010. Licenciatura (Educação do Campo). Faculdade de Educação, Universidade Federal de Minas Gerais, 2010.

SILVA, Roberto Marinho Alves da. *Entre o combate à seca e a convivência com o semiárido*: transições paradigmáticas e sustentabilidade do desenvolvimento. 2006. Tese (Doutorado). Universidade de Brasília, Brasília, DF, 2006. Disponível em: <http://repositorio. bce.unb.br/bitstream/10482/2309/1/2006_Roberto %20Marinho%20Alves%20da%20Silva.pdf>. Acesso em: 30 dez. 2011.

SIMPLÍCIO, Antonia Vanderlucia de Oliveira. *Egressos do curso Pedagogia da Terra e suas práticas educativas*: um estudo de caso no Assentamento 25 de Maio, Madalena, Ceará. 2011. Dissertação (Mestrado). Faculdade de Educação, Universidade de Brasília, Brasília, DF, 2011.

Da esquerda para a direita Juliana, Ana Paula e Jaqueline

Ana Paula Soares da Silva

Psicóloga, é professora da área de Psicologia do Desenvolvimento e Educação Infantil da Faculdade de Filosofia, Ciências e Letras de Ribeirão Preto/Universidade de São Paulo (FFCLRP-USP). Coordena o subgrupo de pesquisa Subjetividade, Educação e Infância nos Territórios Rurais e da Reforma Agrária (Seiterra), vinculado ao Centro de Investigações sobre Desenvolvimento Humano e Educação Infantil (Cindedi-USP). Desenvolve atividades de pesquisa, ensino e extensão em áreas de assentamento rural e orienta alunos de mestrado e doutorado no Programa de Pós-Graduação em Psicologia da FFCLRP-USP. Participou da coordenação do Grupo de Trabalho Orientações Curriculares para a Educação Infantil do Campo, instituído pela Coedi/SEB/MEC, em 2010. Foi membro da Diretoria da Associação Brasileira de Psicologia do Desenvolvimento (ABPD) na gestão 2010-2012. Participou da equipe de coordenação da Pesquisa Nacional Caracterização das práticas educativas com crianças de zero a seis anos residentes em áreas rurais (MEC/UFRGS).

Jaqueline Pasuch

Pedagoga, com mestrado e doutorado pela Universidade Federal do Rio Grande do Sul (UFRGS). É professora do Departamento de Pedagogia da Universidade do Estado de Mato Grosso, *campus* de Sinop (MT). Coordena o Grupo de Pesquisa Diversidades Educacionais no contexto da Amazônia Legal Mato-grossense (Unemat/CNPQ), desenvolvendo projetos de pesquisa e extensão, e o Fórum Mato-grossense de Educação Infantil (Mieib). Participou da coordenação do Grupo de Trabalho Orientações Curriculares Nacionais para a Educação Infantil do Campo (MEC/SEB-Coedi e Secad/CGEC). Participou da equipe de coordenação da Pesquisa Nacional Caracterização das práticas educativas com crianças de zero a seis anos residentes em áreas rurais (MEC/UFRGS).

Juliana Bezzon da Silva

Graduada em Psicologia pela Universidade de São Paulo (USP). Mestranda em Psicologia, área Psicologia do Desenvolvimento e Educação Infantil, pelo Programa de Pós-Graduação em Psicologia da Faculdade de Filosofia, Ciências e Letras de Ribeirão Preto/Universidade de São Paulo. Membro do Centro de Investigações sobre Desenvolvimento Humano e Educação Infantil (Cindedi-USP-RP). Atua nas áreas de Educação Infantil, com ênfase em Educação em Territórios Rurais/Educação Infantil do campo; formação de educadores infantis; infância e práticas educativas em movimentos sociais ligados à reforma agrária.

www.cortezeditora.com.br